Die Mitgliederentwicklung der
Neuapostolischen Kirche in der NS-Zeit

Karl-Peter Krauss

Die Mitgliederentwicklung der Neuapostolischen Kirche in der NS-Zeit

Decodierung einer Meistererzählung?

PETER LANG
EDITION

Bibliografische Information der Deutschen Nationalbibliothek
Die Deutsche Nationalbibliothek verzeichnet diese Publikation
in der Deutschen Nationalbibliografie; detaillierte bibliografische
Daten sind im Internet über http://dnb.d-nb.de abrufbar.

ISBN 978-3-631-73539-8 (Print)
E-ISBN 978-3-631-73540-4 (E-Book)
E-ISBN 978-3-631-73541-1 (EPUB)
E-ISBN 978-3-631-73542-8 (MOBI)
DOI 10.3726/b11847

Diese Publikation wurde begutachtet.

www.peterlang.com

Inhalt

I. Einführung

Die neuere Geschichtsschreibung über die Neuapostolische Kirche in der NS-Zeit basiert zu einem wesentlichen Teil auf den Akten, die das nationalsozialistische Regime hinterlassen hat.[1] Denn diese Akten sind in den staatlichen Archiven verschiedener Ebenen zugänglich, sofern sie insbesondere am Kriegsende nicht der Vernichtung anheimgefallen sind. Diese Perspektive ist auch dem Mangel an kircheninternen Akten aus jener Zeit sowie an Selbstzeugnissen durch hohe kirchliche Funktionsträger geschuldet. So gibt es kaum einen Nachlass von Relevanz von hohen Kirchenvertretern. Einerseits wurde offensichtlich ganz bewusst auf die Entstehung von Akten verzichtet, welche die Kirche gefährdet hätten. Andererseits gab es einen jahrzehntelangen völlig unkritischen Umgang mit dem eigenen Quellenmaterial durch die Neuapostolische Kirche selbst. In der eigenen Wahrnehmung glaubte eine „Kirche mit Zukunft" darauf verzichten zu können, sich mit ihrer eigenen Geschichte auseinanderzusetzen.[2] Hinzu kommt, dass die eher spärlichen kirchlichen Akten dieses Zeitfensters bislang weitgehend unzugänglich waren. Erst in den letzten Jahren scheint sich ein Paradigmenwechsel anzubahnen. Er ist auch eine Folge der fast ausschließlich kritischen Beurteilung der Neuapostolischen Kirche in der NS-Zeit. Denn die im NS-Staat produzierten behördlichen Akten wurden keineswegs immer einer quellenkritischen Analyse und Interpretation unterzogen. So haben diese Akten bis heute eine gewisse Deutungshoheit und Wirkungsmächtigkeit im Sinne ihrer Schöpfer.

Charakteristisch ist außerdem die Rezeption vornehmlich der Quellen der oberen Überwachungsbehörden und -organe des NS-Staates. Diese

---

1   Auf diesen Tatbestand hat beispielsweise Detlev Garbe in Bezug auf die Zeugen Jehovas schon 1994 hingewiesen: Garbe, Detlev: „Sendboten des Jüdischen Bolschewismus". Antisemitismus als Motiv nationalsozialistischer Verfolgung der Zeugen Jehovas. In: Diner, Dan; Stern, Frank (Hg.): Nationalsozialismus aus heutiger Perspektive. Tel Aviv 1994, S. 145–171, hier S. 145. Wertvolle redaktionelle Hinweise für diese Publikation gab Frau Suse-Victoria Hailfinger, wofür der Autor herzlich dankt.

2   Nicht selten wurden Nachlässe und Akten entsorgt; Kassierungsprotokolle wurden in keinem Fall angefertigt.

Akten sind zwar lückenhaft, aber sie sind Ausdruck der Sichtweise der NS-Funktionselite sowie ihrer Strategien und bedürfen damit einer quellenkritischen Interpretation. Sowohl der Blick auf die regionale Mesoebene als auch der mikrogeschichtliche Fokus auf die Gemeindeebene unterblieben in dieser Perspektive. Es muss daher ein Desiderat der Forschung sein, sich der Geschichte der Neuapostolischen Kirche sowohl aus einem multiperspektivischen Blick anzunähern, als auch diese aus verschiedenen makro- und mikrogeschichtlichen Brennweiten zu betrachten.

Das Ziel in dieser Monografie ist die Darstellung der Mitgliederentwicklung in der NS-Zeit. In dieser Thematik verbirgt sich mehr als eine statistische Abhandlung. Denn die Entwicklung der Mitgliederzahlen wurde zugleich zu einem Indikator dafür, welchen Grad an tatsächlichem oder vermeintlichem Opportunismus die Kirche gegenüber dem Regime einnahm.[3] Bislang besteht in der vorliegenden Literatur weitgehend Einigkeit: Die Entwicklung der Mitgliederzahlen der Neuapostolischen Kirche in der NS-Zeit verlief außerordentlich dynamisch, was mithin als ein Indiz für eine deutliche Konformität der Kirche mit dem Regime gedeutet wurde.

Der Untertitel des Buches indes antizipiert in Frageform ein Ergebnis, das in Widerspruch zu der bisherigen Forschungslage gerät: Das postulierte dynamische Wachstum der Neuapostolischen Kirche in diesen Jahren erweist sich als „Meistererzählung" (engl. master narrative, franz. récit majeur).[4] Es handelt sich um ein Narrativ, das in der Literatur kaum mehr hinterfragt wurde. Die Deutung des dynamischen Wachstums bedurfte keiner Legitimation mehr durch intensive, quellengestützte Nachweise; es genügte der Verweis auf bereits vorhandene, sich gegenseitig unterstützende Interpretationen. In Meistererzählungen wird die Komplexität von Vergangenheitsbildern vereinfacht und nicht selten in wenig reflektierte, aber aussagekräftige Bilder umgedeutet. Damit wird Geschichte durch Meistererzählungen codiert und die „Komplexität kultureller Zusammenhänge auf ein einfaches Schema" reduziert, womit „historische Prozesse" erzählbar

---

3 Nachweise siehe unten.
4 Zum Begriff und zur Entstehung der „Meistererzählung" siehe: Jarausch, Konrad H.; Sabrow, Martin: „Meistererzählung". Zur Karriere eines Begriffs. In: Dies. (Hg.): Die historische Meistererzählung. Deutungslinien der deutschen Nationalgeschichte nach 1945. Göttingen 2002, S. 9–32.

werden.[5] So stellt sich die Frage der Decodierung des Narratives vom dynamischen, ungebremsten Wachstum.

Im Folgenden werden neben der Sekundärliteratur Quellen des NS-Staates verschiedener Ebenen herangezogen, wobei ein besonderes Augenmerk auf jenen der unteren Verwaltungsebenen liegt, denn diese Akten fanden bislang keine oder nur wenig Beachtung. Aufschlussreich kann ein Vergleich von Akten unterschiedlicher Provenienz und Ebenen sein. Dabei ist eine hermeneutische und heuristische Analyse des Quellenmaterials eines diktatorischen Regimes unerlässlich. Das heißt es geht einerseits um die Auslegung, Interpretation und Deutung von Quellen, die am Kriegsende teilweise der Vernichtung unterlagen, andererseits darum, mit begrenzten Informationen Strukturen und Systeme zu analysieren und zu rekonstruieren.

Von zentraler Bedeutung im Sinne der Fragestellung sind die Mitgliederverzeichnisse der Neuapostolischen Kirche, die sich seit 2015 im Archiv der Neuapostolischen Kirche International in Zürich befinden.[6] Ergänzungen fanden diese Statistiken durch weitere Quellen der Neuapostolischen Kirche. Hierzu gehören die Rundschreiben des Kirchenleiters Stammapostel Johann Gottfried Bischoff (1871–1960),[7] die mitunter die Thematik der Mitgliederentwicklung berühren. Ebenso wurde weitere Korrespondenz von leitenden Persönlichkeiten der Kirche aus dieser Zeit ausgewertet.[8]

Ein regionaler Schwerpunkt im Sinne des pars pro toto wurde auf Württemberg gelegt. Dabei ist mit einer starken regionalen Diversifizierung in dem hierarchischen NS-Staat nicht zu rechnen, wobei auch das polykratische NS-System nur begrenzte regionale Eigendynamiken zuließ. Hinzu kam das System der hierarchisch organisierten Kirche, das gleichermaßen geeignet war, regionale Spezifika einzuebnen. Dennoch ist eine tiefere Aus-

---

5   Rexroth, Frank: Meistererzählungen und die Praxis der Geschichtsschreibung. Eine Skizze zur Einführung. In: Ders.: Meistererzählungen vom Mittelalter. Sonderheft der Historischen Zeitschrift 46 (2007), S. 1–23, hier S. 5.

6   Archiv der Neuapostolischen Kirche International (ANAKI), Zürich, AL0133, Mitglieder-Statistik, 1919–1974. Vor 2015 gab es nur lückenhafte Mitgliederverzeichnisse im betreffenden Archiv, da sich ein Ordner mit der Mitgliederstatistik von 1919 bis 1974 in der Altregistratur befand.

7   ANAKI, AL0103, Rundschreiben J. G. Bischoff, 1932–1960, hier: 1933–1943.

8   Nachweise siehe unten.

einandersetzung mit dieser Region hilfreich. Denn nirgendwo hatte die Neu-apostolische Kirche nach dem Ersten Weltkrieg einen solch dynamischen Mitgliederzuwachs wie in Württemberg. Zudem kann hier ein mikrostatisti-scher Blick auf die lokale Mitgliederentwicklung in einzelnen ausgewählten Gemeinden spezifische Entwicklungen aufzeigen. Dieser Fokus bietet somit eine ergänzende Perspektive auf die regionale und die nationale Mitglieder-entwicklung.

Eine dichte Beschreibung[9] der Mitgliederentwicklung in Württemberg lohnt sich aus einem weiteren Grund: Hier wurde bereits am 14. Juni 1933 ein Werbeverbot gegenüber den Ernsten Bibelforschern (Zeugen Jehovas) und der Neuapostolischen Kirche verhängt, das strikt überwacht wurde. Insofern können sich Disparitäten zu anderen Regionen ergeben. Gerade die starke Mitgliederzunahme in Württemberg insbesondere auf Kosten der Evangelischen Landeskirche legt eine Erweiterung der Quellenrecherche nahe. Daher wurden ergänzend einige Bestände von Relevanz im Landes-kirchlichen Archiv Stuttgart der Evangelischen Landeskirche in Württem-berg ausgewertet.

Zentrales Ziel der Abhandlung ist es, anhand der offiziellen Mitglieder-statistiken zu einer realistischen Darstellung der Mitgliederentwicklung in der NS-Zeit zu kommen. Allerdings zeigen sich diese charakteristischen Spezifika nur durch eine statistische Einbettung in die Jahre vor und nach dieser Zeit. In diesen statistischen Rahmen wird das Quellenmaterial der verschiedenen NS-Behörden eingeordnet und analysiert. Es geht um die Frage, über welche Informationen diese Behörden verfügten, aber auch ob und mit welchen Strategien diese Kenntnisse im Hinblick auf die Mitglieder-entwicklung manipuliert wurden.

---

9 Die Begrifflichkeit (engl. thick description) geht auf den amerikanischen Anthro-pologen Clifford Geertz zurück, siehe: Geertz, Clifford: Dichte Beschreibung. Beiträge zum Verstehen kultureller Systeme. Frankfurt 2003.

II. Diskurs, Forschungsstand, Analyse

1. Diskursanalytische Annäherung und Forschungsstand

Das kollektive Geschichtsbild über die Mitgliederentwicklung der Neuapostolischen Kirche in der NS-Zeit fand zumindest bis Ende 2015 seinen Niederschlag im Portal Wikipedia. Unter der Überschrift „Die Neuapostolische Kirche im Nationalsozialismus" war festgehalten: „Wie viele andere Organisationen und Vereine ging auch die Neuapostolische Kirche mit dem nationalsozialistischen Regime Kompromisse ein, um nicht verboten oder verfolgt zu werden. Im Gegensatz zu anderen kleineren Gemeinschaften wuchs die Zahl der Mitglieder jedoch stetig."[10] Seit 2016 fehlt der letzte Satz in dem überarbeiteten Artikel zum gleichen Stichwort.[11] Ein kausaler Zusammenhang zu einem Vortrag des Autors am 11. Februar 2016 in Stuttgart u. a. zu dieser Thematik drängt sich auf. So scheint sich hier ein Paradigmenwechsel in der Wahrnehmung der Mitgliederentwicklung dieser Kirche in der NS-Zeit abzuzeichnen.

Schon in der Zeit des Nationalsozialismus finden sich Aussagen in der Sekundärliteratur, die der Neuapostolischen Kirche in dieser Zeit ein erhebliches Mitgliederwachstum bescheinigen. Unter Bezugnahme auf Angaben des von ihm konsultierten neuapostolischen Bischofs Leonhard Vorherr schrieb der Breslauer Pastor Ulrich Bunzel, dass die 18 neuapostolischen Gemeinden in Schlesien[12] 1936 mit 1.718 Seelen fast dreimal so viele Mitglieder wie im Jahre 1932 hatten.[13] Zudem habe ihm Vorherr versichert, dass „sie viele P[artei] G[enossen] in ihren Reihen haben, vollkommen unangefochten ihres Glaubens leben können und daß sie auch regelmäßig für

---

10 https://de.wikipedia.org/wiki/Neuapostolische_Kirche (14.10.2015).

11 https://de.wikipedia.org/wiki/Neuapostolische_Kirche (02.08.2016 sowie 22.07. 2017).

12 Der Bezirk Breslau gehörte zum Apostelbezirk Leipzig.

13 Bunzel, Ulrich: Die nebenkirchlichen religiösen Gemeinschaften Schlesiens. Ihre geschichtliche Entwicklung und gegenwärtige Verbreitung. Sonderdruck aus dem Jahrbuch des Vereins für Schlesische Kirchengeschichte. Liegnitz 1936, S. 25.

Führer, Partei und Obrigkeit beten."[14] Sind diese Zahlenangaben realistisch oder war die auffällige Betonung, dass man „unangefochten" seines Glaubens leben konnte, eine Strategie von Vorherr, um sich und seine Kirche zu schützen? Hatte er Angst davor, kritische Anmerkungen gegenüber Pastor Bunzel zu machen?

Der Bezirk Breslau gehörte zum Apostelbezirk[15] Leipzig. Dort gab es im Jahre 1932 insgesamt 16.769 Mitglieder der Neuapostolischen Kirche. 1933 stieg die Zahl auf 18.641, ab 1934 stagnierte die Entwicklung mit 18.769. In der letzten statistischen Erhebung vor dem Kriegsende, im Jahr 1942, lag die Zahl der Mitglieder bei 18.082 und blieb damit trotz des demographischen Wachstums unter den Werten des Jahres 1933.[16] Die Angaben von Vorherr in dem ohnehin seit Jahrzehnten wachstumsschwachen Schlesien entsprachen damit kaum der Realität.

Nach dem Zweiten Weltkrieg betonte der renommierte Berliner Historiker Friedrich Zipfel (1920–1978), Sohn eines evangelischen Pfarrers: „In der Mitte der dreißiger Jahre konnte die [neuapostolische] Gemeinde, deren Schwerpunkt im rheinischen Industriegebiet lag, einen starken Mitgliederzuwachs verzeichnen."[17] Auf einen Quellennachweis für diese Zahlen verzichtete er. Wären ihm Zahlen vorgelegen, dann hätte er konstatiert, dass die Zahl der Mitglieder im Apostelbezirk Düsseldorf von 36.309 Ende 1933 über 36.007 Ende 1938 auf 34.806 im Jahr 1942, dem letzten Jahr mit einer statistischen Erhebung vor Kriegsende, gesunken war.[18]

---

14 Ebd., S. 26. Ulrich Bunzel (1890–1972) war seit 1927 Pfarrer an der St. Maria-Magdalena-Kirche in Breslau. Der Pfarrer war im Rat der Bekennenden Kirche Schlesiens und war vom Provinzialbruderrat mit der Leitung der Bekenntnisversammlungen für Breslau betraut worden. Nach einer Verfügung durch die Gestapo erhielt er im April 1935 ein Aufenthaltsverbot für Breslau und ein Redeverbot, wogegen sich der Rat der Bekennenden Kirche Schlesiens wandte. Ebd., S. 128–130.

15 Die Neuapostolische Kirche ist in Apostelbezirke gegliedert, die jeweils von einem Bezirksapostel geleitet werden.

16 ANAKI, AL0133, Mitglieder-Statistik, 1919–1974, hier 1932–1941. Im Folgenden werden nur die Zeitschnitte angegeben, die tatsächlich herangezogen wurden.

17 Zipfel, Friedrich: Kirchenkampf in Deutschland 1933–1945. Religionsverfolgung und Selbstbehauptung der Kirchen in der nationalsozialistischen Zeit. Berlin 1965, S. 208.

18 ANAKI, AL0133, Mitglieder-Statistik, 1933–1942.

Hingegen schrieb Zipfel über Berlin: „In Berlin war der Anstieg nicht erheblich".[19] Demnach hatte die Neuapostolische Kirche in Berlin 1931 16.432 Mitglieder, 1933 waren es 15.435 und im Jahre 1938 lag die Zahl bei 15.599 Mitgliedern.[20] Dies entspricht für die entsprechende Zeit einem marginalen Wachstum. Die offiziellen Mitgliederzahlen der Neuapostolischen Kirche weisen für den gesamten Apostelbezirk Berlin 1931 31.796, 1933 35.232 und 1938 36.258 Mitglieder aus. Bis 1942 sank die Mitgliederzahl unter das Niveau von 1933 auf 34.679.[21] Damit war die Zunahme von Mitgliedern im Wesentlichen vor der Machtergreifung erfolgt. Es ist bemerkenswert, dass Klaus Schabronat für seinen Beitrag im Textkorpus nicht die von Zipfel mit Zahlen belegte Entwicklung in Berlin heranzieht, sondern die aus dem rheinischen Industriegebiet ohne Beleg.[22]

Christine Elisabeth King veröffentlichte 1982 eine Studie mit dem Titel „The Nazi State and the new religions: Five case studies in nonconformity".[23] Sie verglich fünf religiöse Gemeinschaften in Bezug auf ihre Konformität und ihre Überlebensstrategien gegenüber dem Naziregime, darunter die Neuapostolische Kirche. Die spätere Vizekanzlerin der Staffordshire University kam zu einem vernichtenden Urteil, das sich schon in der Überschrift des Kapitels über die Neuapostolische Kirche niederschlägt: „Sharing the Nazi triumph. The New Apostolic Church".[24] Gleich am Anfang bemerkte sie, „the officials of the New Apostolic Church saw themselves as allies of the new government [...]." Und sie konstatierte: „This sect, of all the groups studies here, thought itself in the very best of positions to flourish under Nazi rule."[25]

---

19 Zipfel, Kirchenkampf, S. 18, FN 39.
20 Ebd., S. 23.
21 ANAKI, AL0133, Mitglieder-Statistik, 1931–1942.
22 Schabronat, Klaus: Die Neuapostolische Kirche unter der nationalsozialistischen Herrschaft. In: Tull, Philipp (Hg.): Christen im Dritten Reich. Darmstadt 2014, S. 52–67, hier S. 64.
23 King, Christine Elisabeth: The Nazi State and the new religions: Five case studies in non-conformity. New York, Toronto 1982.
24 Ebd. S. 121–145.
25 Ebd., S. 121.

Welche Quellen zog King nun für ihre weitreichenden Schlussfolgerungen heran? Die einzigen von ihr nachgewiesenen archivalischen Akten stammen aus dem Bayerischen Hauptstaatsarchiv aus dem Bestand des Reichsstatthalters Franz Xaver Ritter von Epp (1868–1947).[26] Es handelt sich um rund 45 Seiten an Akten über die Neuapostolische Kirche. In diesen Akten geht es um eine Anweisung der Bayerischen Politischen Polizei, Mitgliederverzeichnisse der Neuapostolischen Kirche zu erstellen, weil Mitglieder „zum Teil den früheren marxistischen Parteien angehörten und mit der ehemaligen K.P.D. sympathisierten."[27] Ansonsten befinden sich noch Akten um ein Auskunftsschreiben des Reichsstatthalters, ob die „freie Religionsausübung der Neuapostolischen Kirche behindert ist" in dem Bestand. Dann befassen sich etwa 15 Seiten, rein quantitativ etwa ein Drittel der Akten, mit den Vorgängen um die Gemeinde Blaubach[28] in der Pfalz. Diese Gemeinde gehörte zum Apostelbezirk Karlsruhe. Dort wurden 1934 zwei neuapostolische Prediger namens Karl Sch.[29] und Peter E. aus Kaiserslautern aus dem Gottesdienst heraus verhaftet und in „Schutzhaft" genommen. Auch King bezieht sich auf diesen Vorgang. Mutig bezeichnet sie ihn als „the only serious incident in which the church's freedom was threatened occurred early in 1934."[30] Allerdings desavouiert sie sich mit dieser Aussage selbst durch ihre geringe Kenntnis der Aktenlage.

Schließlich findet sich in den Akten noch die Beilage der vielzitierten Schrift „Die Neuapostolische Gemeinde im Dritten Reich". Sie wurde im Dezember 1933 von Arthur Landgraf (1888–1956), dem Bezirksapostel von Berlin, verfasst. Diese Ausarbeitung ist ein Dokument der Anbiederung, das gegenüber der neuen Staatsführung Loyalität suggerieren sollte. Gleichzeitig ist diese Schrift Ausdruck des wachsenden Druckes durch den NS-Staat. Es war offensichtlich notwendig geworden, einen Versuch zu unternehmen, die Kirche gegenüber dem Regime in eine geschützte

---

26 Bayerisches Hauptstaatsarchiv (BayHStA), Reichsstatthalter, Nr. 638: Sektenwesen, Freireligiöse, neue Religionsbestrebungen, Freimaurerei, 1934–1941.
27 Ebd., Bayerische Politische Polizei, München, o. fol., 24.05.1935.
28 Heute Verbandsgemeinde Kusel, Landkreis Kusel, Rheinland Pfalz.
29 Aus Datenschutzgründen werden bei den Nachnamen nur die Initialen verwendet, sofern es sich um keine Personen des öffentlichen Lebens handelt.
30 King, The Nazi State, S. 132.

Position zu rücken. Welchen Zweck das Dokument erfüllen sollte, geht aus dem Schreiben von Landgraf hervor: Es sollte bei Überwachungsmaßnahmen und Fragen durch staatliche Organe ausgeteilt werden.[31]

Die zeitliche Spanne der von King herangezogenen Akten reicht vom 24. Januar 1934 bis zum 24. Mai 1935. Statistische Angaben sind in diesen Akten nirgends enthalten. Es bleibt das Geheimnis von King, wie sie anhand dieser dünnen Quellenbasis aus einem schmalen Zeitfenster von knapp anderthalb Jahren aus einer Region mit ohnehin wenigen Mitgliedern der Kirche zu der Erkenntnis gelangte, dass die Neuapostolische Kirche unter dem NS-Regime „erblühte". Ihre Schlussfolgerungen basieren damit auf der Sekundärliteratur und auf schwer nachvollziehbaren Analogieschlüssen. Dabei schlichen sich mitunter erwähnenswerte Übersetzungs- und Verständnisfehler ein. So bezog sie sich auf Hermann Petrich (1845–1933), der darauf hinwies, dass sich die Mitglieder der Neuapostolischen Kirche im Gegensatz zur Katholisch-Apostolischen Kirche vor allem aus Handwerker- und Arbeiterkreisen sowie kleinen Beamten rekrutierten.[32] Sie stellte unter Verweis auf Petrich dar, dass die leitenden Persönlichkeiten „educated men" und ihre Mitglieder wohlhabend seien. Sie resümierte: „the sect seems consistently to have attracted both the educated and the wealthy."[33] Damit aber hatte sie das dominierende soziologische Profil der Mitglieder der im Aufbau begriffenen Kirche völlig falsch eingeschätzt und Petrich nicht verstanden.

Gleichwohl wurden ihre Erkenntnisse rezipiert und unter Verweis auf ihr „Quellenmaterial größerer deutscher Archive, hauptsächlich des Hauptstaatsarchivs München"[34] als wissenschaftlich fundiert eingeschätzt: Damit

---

31 ANAKI, AL0103, Rundschreiben J.G. Bischoff, 1932–1960, Frankfurt, 16.01.1934. Dieses Rundschreiben ist entgegen dem sonstigen Usus nicht vom Kirchenleiter selbst verfasst und unterzeichnet.

32 Petrich, Hermann: Unsere Sekten, Freikirchen und Weltanschauungsgesellschaften. Gemeinverständlich dargestellt und am Evangelium Jesu gemessen, Berlin 1928, S. 128. Für den freundlichen Hinweis dankt der Autor Herrn Dr. Manfred Henke, Groß Grönau.

33 King, The Nazi State, S. 123.

34 Korrekt: Bayerisches Hauptstaatsarchiv. Das Staatsarchiv München ist für das Archivwesen im Regierungsbezirk Oberbayern zuständig. Das Zitat wurde entnommen: Schabronat, Die Neuapostolische Kirche, S. 52. Siehe auch: Schabronat, Klaus: Die Neuapostolische Kirche im Dritten Reich – ein

entstand ein circulus vitiosus, in dem das zu Beweisende schon als bewiesen vorausgesetzt wurde.

Der promovierte Physiker Michael König konstatierte 1993 gleichermaßen eine „Blüte" der Kirche in der Zeit des Nationalsozialismus. Er kam zu dem Ergebnis, dass „die Neuapostolische Kirche in Deutschland während der N. S.-Diktatur einen deutlichen Mitgliederzuwachs erzielen [konnte], wo andere Religionsgemeinschaften verfolgt und verboten wurden."[35] Damit bezog er sich auf das Leitheft des Reichsführers-SS von 1937.[36]

Der Theologe Helmut Obst berief sich wiederum auf Michael König und Jürgen Marschall, als er 1996 die These vertrat, dass die Neuapostolische Kirche „im Gegensatz zu den anderen Religionsgemeinschaften, die noch öffentlich arbeiten konnten" ein starkes Wachstum hatte[37] und

---

Zwischenbericht. Teil 1. In: Eberle, Mathias (Hg.): Frankfurt im Spiegel der Geschichte der apostolischen Gemeinschaften. Steinhagen 2013, S. 140–213. Hier (S. 144) spricht der Autor von einem „aussagekräftigen Quellenmaterial". Dass sie Quellenmaterial weiterer „größerer deutscher Archive" recherchierte und analysierte, geht aus ihrer Arbeit nicht hervor. Dabei stellt sich ohnehin die Frage, ob das Bayerische Hauptstaatsarchiv in Bezug auf Akten über die Neuapostolische Kirche ein besonders lohnenswertes Archiv ist, da die Neuapostolische Kirche im katholischen Bayern kaum Verbreitung gefunden hat.

35 König, Michael: Die Neuapostolische Kirche in der N. S.-Zeit und die Auswirkungen bis zur Gegenwart. Feldafing [1]1993, S. 14. Zu König siehe auch: Thiede, Werner: Erzengel Michael wohnt am Starnberger See. Eine Gemeinschaft zwischen neuapostolischer und esoterischer Spiritualität. In: Materialdienst der EZW, 58. Jg., 1. Dez. 1995, S. 363–368.

36 Bundesarchiv (BArch), R 58/230, Leitheft über die Neuapostolische Gemeinde e. V., Mai 1937. Das Werk von König weist in Bezug auf eine objektive Quelleninterpretation erhebliche Mängel zugunsten einer präjudizierten ideologischen Deutung auf. Schon Mathias Eberle konstatierte „Schwächen" dieser Darstellung, siehe: Eberle, Mathias: Die Neuapostolische Kirche und der Nationalsozialismus – Skizze einer Aufarbeitung. Ein Forschungsbericht. In: Freikirchen Forschung 2012, Nr. 21. Hg. v. Verein für Freikirchenforschung e. V. Münster/ Westf., S. 287–303, hier S. 289.

37 Mit dieser Aussage täuscht sich Obst, denn die geringe Zunahme der Mitgliederentwicklung der Neuapostolischen Kirche bleibt bspw. unter der Zunahme der Baptisten. So machte der Bundesdirektor des Bundes Evangelisch-Freikirchlicher Gemeinden 1946 diese Angaben zum Ende des jeweiligen

sich die Mitgliederzahl „in der Zeit des Nationalsozialismus um nahezu 100.000" erhöht hatte.[38] Diese Aussage bestärkend zitierte er aus einem von der Neuapostolischen Kirche selbst (!) herausgegebenen Werk folgenden Passus: „An vielen Orten waren neue Gemeinden entstanden, die Mitgliederzahl nahm ständig zu, und an fast allen bedeutenden Plätzen verfügten die Gemeinden über eigene Versammlungsstätten, die entweder gekauft oder neu gebaut worden waren. War so schon rein äußerlich ein bedeutender Fortschritt festzustellen, so galt dies in noch größerem Umfang für den inneren Zustand der Gemeinden. Die Erkenntnis des göttlichen Willens wurde vertieft, die seelsorgerische Pflege ließ Früchte hervorkommen und die Einheitlichkeit der Lehre wurde gefestigt und gesichert."[39] Diese Eigenwahrnehmung der Mitgliederentwicklung in der NS-Zeit durch leitende Kirchenmitglieder macht ratlos. Denn der Verfasser des Buches, Bezirksapostel Gottfried Rockenfelder,[40] hatte am 16. Januar 1935 nach Südafrika u. a. folgende Zeilen geschrieben: „Ueber Deine Erfolge [in der Gewinnung von neuen Mitgliedern] […] bin ich erstaunt. Da müssen wir arme Wiesbadener natürlich verschwinden, denn ich hatte für dieses Jahr in meinem Bezirk kaum 200 Seelen zur Heiligen Versiegelung[41] und nur der eine Gedanke, dass die Weinbergsarbeit[42] zum grössten Teil eingestellt ist, tröstet mich etwas. Dabei und unter dem

---

Jahres: 1937: 74.000, 1938 79.000 und 1939 88.000 Mitglieder. Zit. n. Liese, Andreas: Verboten, geduldet, verfolgt. Die nationalsozialistische Religionspolitik gegenüber der Brüderbewegung. Hammerbrücke ²2003, S. 73, FN 260.

38 Obst, Helmut: Neuapostolische Kirche – die exklusive Endzeitkirche? Neukirchen-Vluyn 1996, S. 54. Hier unter Bezugnahme auf: König, Michael; Marschall, Jürgen: Die Neuapostolische Kirche in der N.-S.-Zeit und die Auswirkungen zur Gegenwart. Feldafing ²1994.

39 Hier zitiert Obst aus: Geschichte der Neuapostolischen Kirche. Überarbeitung der von G[ottfried] Rockenfelder zusammengestellten und J[ohann] G[ottfried] Bischoff herausgegebenen Fassung. Frankfurt/Main ²1987, S. 103. Die Erstauflage war 1953 erschienen.

40 Gottfried Rockenfelder war seit 01.01.1952 Bezirksapostel.

41 Zur Begrifflichkeit der „Versiegelung" siehe: Katechismus der Neuapostolischen Kirche (KNK). Zürich 2012, S. 343 f.

42 Es geht um die Arbeit im Weinberg des Herrn, vgl. Matthäus 20, 1.

Druck der mancherlei Verhältnisse [!] lernt man auch sagen: 'O, Herr Jesu, lass es noch eine kleine Zeit währen, dass wir noch vollendet werden.'"[43] Wurde das Wirken der Kirche in der Retrospektive trotz der damals bedrückenden Verhältnisse verklärt? Angesichts dieser Geschichtsschreibung durch die Neuapostolische Kirche selbst, glaubte Obst auf eine Grundlagenforschung verzichten zu können.[44]

Als Dominik Schmolz 2013 seine „Kleine Geschichte der Neuapostolischen Kirche" herausgab, kam auch er unter Bezugnahme auf die vorliegende Literatur zu dem Schluss: „Bemerkenswert ist überdies das Wachstum, welches die Neuapostolische Kirche in der Zeit des Dritten Reiches in Deutschland verzeichnete. Während die großen Amtskirchen eine deutliche Zunahme von Austritten zu verkraften hatten, gelang es der NAK trotz Werbeverbots, zehntausende[45] Mitglieder hinzuzugewinnen. Es gab zahlreiche Gemeindegründungen und viele Kirchengebäude wurden errichtet, was mit wenigen Ausnahmen [...] problemlos genehmigt wurde."[46] In der 2016 herausgegebenen, leicht verbesserten Ausgabe von Dominik Schmolz wurde das Wachstum der Mitglieder in dieser Zeit indes relativiert, indem die Aussage getroffen wurde, „dass sich ab etwa 1937 dieses Wachstum deutlich abschwächte und die Zahl der Kirchenaustritte zunahm."[47]

Eine aktuelle Darstellung über die Neuapostolische Kirche wiederholt die oben angeführten Schlussfolgerungen erneut. Klaus Schabronat vermerkte 2014: „Das Wachstum der NAK an Mitgliedern und Gemeinden lässt nicht erkennen, dass sie durch staatliche Maßnahmen in ihrer Entwicklung stark eingeschränkt war."[48] Ergänzend fuhr er fort: „1948 hat die NAK in Deutschland 232.000 eingetragene Mitglieder in 1.900 Ge-

---

43 ANAKI, AL0117, Korrespondenz H. F. Schlaphoff mit Europa, 1929–1944.
44 Obst, exklusive Endzeitkirche, S. 56.
45 Wort im Original großgeschrieben.
46 Schmolz, Dominik: Kleine Kirchengeschichte der Neuapostolischen Kirche. Steinhagen 2013, S. 100.
47 Schmolz, Dominik: Kleine Kirchengeschichte der Neuapostolischen Kirche. Vierte, leicht verbesserte Auflage. Steinhagen 2016, S. 100.
48 Schabronat, Klaus: Die Neuapostolische Kirche, 2014, S. 64.

meinden, während es 1925 130.000 waren."[49] Auch Schabronat bezieht sich auf das „Leitheft" von 1937, der „ein größeres und kontinuierliches Wachstum für die Zeit nach 1933" darlegte und bei einem „Zuwachs von über 100 Gemeinden" auf eine „Mitgliederzahl von etwa 300.000" schloss.[50]

Die Neuapostolische Kirche selbst hat durch weitere Publikationen einen nicht unwesentlichen Anteil an der Einschätzung einer dynamischen Mitgliederentwicklung in der Zeit des Nationalsozialismus. Denn die offiziellen Mitgliederlisten wurden nie veröffentlicht. Und in der offiziösen kirchlichen Literatur wurde dieser Mythos sogar befördert. So heißt es in dem vom Verlag Friedrich Bischoff 1985 herausgegebenen und von Susanne Scheibler[51] verfassten Buch über „J. G. Bischoff" (1871–1960), dem Kirchenoberhaupt in den Jahren 1930 bis 1960: „Unter der umsichtigen Leitung des Stammapostels Bischoff nahmen die Apostelbezirke zu Beginn der dreißiger Jahre einen ungeahnten Aufschwung. Viele Seelen konnten für das Werk des Herrn gewonnen werden, und allein die Zahl der Gemeinden vermehrte sich bis zum Beginn des Zweiten Weltkrieges von ungefähr 1.600 auf 2.500."[52] Offenbar ging es in dieser Ausarbeitung darum, die besonderen Verdienste von Stammapostel Bischoff zu würdigen.

Eine fast identische Einschätzung vermittelt das Werk „Leben und Wirken des Apostels Weinmann" im Hinblick auf die Mitgliederentwicklung in der NS-Zeit: „Trotzdem blühte aber in den Gemeinden ein reges Geistesleben" und „Dabei hatte sich das Werk des Herrn trotz aller Schwierigkeiten und Hindernisse nach innen und außen in einem vorher kaum vorstellbaren Ausmaß entwickelt. An vielen Orten waren neue Gemeinden entstanden, die Mitgliederzahl nahm ständig zu, und an vielen bedeutenden Plätzen verfügten die Gemeinden über eigene Versammlungsstätten."[53] Diese Ei-

---

49 Die Zahlen sind weitgehend korrekt. Zusammen mit den Mitgliedern der Schweiz waren es am 1. Januar 1925 131.181 Mitglieder, ohne die Schweiz 121.144. Am 1. Januar 1948 gab es 231.898 Mitglieder in Deutschland.

50 Schabronat, Die Neuapostolische Kirche, 2014, S. 64.

51 Susanne Scheibler, geb. Moderau (1936–2003).

52 J. G. Bischoff. Frankfurt am Main 1985, S. 50.

53 Leben und Wirken des Apostels Weinmann. Hamburg 1990, S. 61. Hier wurde wiederum aus diesem Werk zitiert: Geschichte der Neuapostolischen Kirche. Überarbeitung der von G[ottfried] Rockenfelder zusammengestellten und

genwahrnehmung und zugleich bedeutungsschwere Meistererzählung ließ offensichtlich wenig Raum für die Bewertung der tatsächlichen Mitgliederentwicklung. Im Apostelbezirk Hamburg wurden 1933 16.181 Mitglieder erfasst, 1938 waren es 17.249 und 1942 16.886 Mitglieder. Der Geburtenüberschuss von 1933 bis 1938 betrug dabei knapp 900 Personen, während der Zuwachs in diesem Zeitraum 1.068 Personen umfasste, d. h. es gab ein marginales Wachstum, das in den folgenden Jahren in eine Negativbilanz mündete.[54]

In der 1997 herausgegebenen Fassung des Buches über Johann Gottfried Bischoff ist der oben angeführte Text vom „ungeahnten Aufschwung" nicht mehr zu finden. Das Verhalten der Kirche in der Zeit des Nationalsozialismus stand aufgrund der inzwischen erfolgten kritischen Publizistik unter Rechtfertigungsdruck. Allerdings steht auch hier der bezeichnende Passus: „Dennoch [trotz der Restriktionen durch den NS-Staat] breitete sich das Werk Gottes weiter aus. Es gab Aufnahmen und Versiegelungen, und eines Tages wurde Stammapostel Bischoff deswegen zur Geheimen Staatspolizei befohlen."[55] Beide Werke verzichten komplett auf Verweise, weshalb eine Überprüfung der Aussagen kaum möglich ist.

Aufgrund der vorliegenden Literatur ist es wenig verwunderlich, dass im „Handbuch Weltanschauungen, Religiöse Gemeinschaften, Freikirchen", das im Auftrag der Vereinigten Evangelisch-Lutherischen Kirche Deutschlands (VELKD) herausgegeben wurde, erneut das Wachstum der Neuapostolischen Kirche in der NS-Zeit betont wird. Dort heißt es: „Insgesamt erlebte die NAK[56] in dieser Zeit ein starkes Wachstum und musste nicht wie andere Gruppen in den Untergrund gehen."[57]

J[ohann] G[ottfried] Bischoff herausgegebenen Fassung. Frankfurt/Main ²1987, S. 103.

54 ANAKI, AL0133, Mitglieder-Statistik, 1933–1942.

55 Johann Gottfried Bischoff. Frankfurt am Main 1997, S. 49. Wann der Termin der Vorladung stattfand, wird nicht genannt.

56 Abkürzung für Neuapostolische Kirche.

57 Welche Gruppen dabei in den Untergrund gehen mussten, wird in dem kurzen Artikel verschwiegen. Siehe: Pöhlmann, Matthias; Jahn, Christine (Hg.): Handbuch Weltanschauungen, Religiöse Gemeinschaften, Freikirchen. Im Auftrag der Kirchenleitung der VELKD. 1. Aufl. Gütersloh 2015, S. 297.

2. Das Leitheft des Reichsführers-SS von 1937

Im Mai 1937 gab der Reichsführer-SS, Heinrich Himmler (1900–1945), ein „Leitheft über die neuapostolische Gemeinde e. V." heraus.[58] Neben einer einleitenden Darstellung über das „Christentum und Kirche als weltanschaulicher Gegner" befasst sich das Heft auf etwas mehr als zehn Seiten mit der Neuapostolischen Kirche, ihrer „Geschichte", über „Verbreitung und Organisation", die „Lehre" und schließlich einer „Beurteilung". Auf den Seiten 16 bis 40 befinden sich einige Anlagen. Danach folgt auf den Seiten 41 bis 44 „Die Neuapostolische Gemeinde e. V. Teil II" mit den Punkten „Gesamtbeurteilung", „Anweisung für die nachrichtendienstliche Tätigkeit bzgl. der Neuapostolischen Gemeinde e. V." und „Anweisungen für die Berichterstattung". Entsprechend der Fragestellung ist hier die dargelegte Mitgliederentwicklung von Interesse. In dieser Hinsicht war das Heft von großer rezeptiver Resonanz und hatte Kronzeugencharakter für die kritische Beurteilung der Mitgliederentwicklung.[59] Offensichtlich war das Vertrauen in das Dokument einer NS-Organisation des nationalsozialistischen Staates hinsichtlich seiner inhaltlichen Integrität so groß, dass es einer quellenkritischen Analyse nicht mehr unterworfen wurde.

In der Anlage befindet sich auch eine exakte „Aufstellung der in Deutschland bestehenden ‚Apostelbezirke' und ‚Bezirke' der neuapostolischen Gemeinde".[60] Diese Auflistung enthält für jeden Apostelbezirk die genauen Mitgliederzahlen jeweils vom 31. Dezember 1933 und vom 31. Dezember 1934. Eine Verifizierung der Zahlen mit den Daten aus dem Archiv der Neuapostolischen Kirche International ergibt eine exakte Übereinstimmung, außer in zwei Apostelbezirken für das Jahr 1933. In Hamburg waren es

---

58 BArch, R 58/230. Auf der Titelseite ist ein Aufdruck angebracht: „1. Dieses Schriftstück ist geheim im Sinne des Gesetzes gegen Landesverrat vom 24. April 1934. 2. Empfänger haftet für sichere Aufbewahrung und Verbleib. 3. Im Panzerschrank aufbewahren; Vernichtung nur durch Verbrennung."

59 König, Die Neuapostolische Kirche, S. 14; Schabronat, Die Neuapostolische Kirche, 2013, S. 212; Schabronat, Die Neuapostolische Kirche, 2014. Ohne Nennung der Quelle: Schmolz, Kleine Kirchengeschichte, 2013, S. 100.

60 BArch, R 58/230, S. 20–33 (nach der Zählung des Gesamtheftes). Namentlich sind die Leiter der Apostelbezirke, ihre Stellvertreter sowie die Leiter der einzelnen Bezirke mit Adresse aufgeführt.

Ende 1933 nicht 16.320, sondern 16.181 und in Königsberg statt 20.346 „nur" 19.709. 1934 stimmten die Daten in beiden Fällen wieder überein.[61] Der Zuwachs ist nicht besonders spektakulär, insbesondere dann, wenn er mit dem dynamischen Wachstum der vorherigen Jahre verglichen wird. Er stieg von 1933 auf 1934 von 241.710 auf 245.729. Allerdings wurden die statistischen Daten des Saarlands 1933 noch getrennt aufgeführt. Werden die dortigen Mitglieder 1933 in Höhe von 3.324 Personen mitgerechnet, betrug die Mitgliederzahl 1933 in Deutschland einschließlich des Saarlands 245.034 und 1934 245.729 Mitglieder.[62] Nach der Abstimmung am 13. Januar 1935 übernahm das „Dritte Reich" am 1. März 1935 die Macht an der Saar.[63]

Doch diese exakten, im Leitheft veröffentlichten Zahlen der Jahre 1933 und 1934 sind in der Literatur kaum rezipiert worden. Ohne die Mitglieder des Saargebietes lag die Zunahme in absoluten Zahlen bei 4.019 Mitgliedern. Dabei ist zu berücksichtigen, dass 1934 4.308 Taufen und 2.071 Sterbefälle dokumentiert wurden, was einem Geburtenüberschuss von 2.237 Personen entsprach. Zwar gab es auch 12.727 Versiegelungen und damit Eintritte in die Neuapostolische Kirche. Das entspricht abzüglich der Taufen einem externen Zuwachs von 8.419 Mitgliedern. Doch gleichzeitig traten 7.069 Personen aus der Kirche aus. Dabei waren die NS-Behörden auch sehr genau über die Anzahl der Geburten im Jahr 1934 informiert.[64]

---

61 ANAKI, AL0133, Mitglieder-Statistik, 1933, 1934.
62 De facto stand das Saarland bis zur Volksabstimmung am 13. Januar 1935 unter französische Verwaltung.
63 Diesen Zahlen liegt die offizielle kirchliche Statistik zugrunde: ANAKI, AL0133, Mitglieder-Statistik, 1933 und 1934.
64 BArch, R 58/5661, Erfassung von Sekten, Freikirchen und evangelischen Gemeinschaften, 1935, S. 154: Mitgliederbestand der Verwaltungsbezirke der Neuapostolischen Gemeinden.

Der Reichsführer-SS
Der Chef des Sicherheitshauptamtes

№ 52

Geheim!

Leitheft

über

Die Neuapostolische Gemeinde e. V.

— Mai 1937 —

1. Dieses Schriftstück ist geheim im Sinne des Gesetzes gegen Landesverrat vom 24. April 1934.
2. Empfänger haftet für sichere Aufbewahrung und Verbleib.
3. Im Panzerschrank aufbewahren; Vernichtung nur durch Verbrennung.

Eine geradezu spektakuläre Resonanz hat indes das beiliegende Diagramm „Übersicht über die Mitgliederbewegung der Neuapostolischen Gemeinde" bewirkt.[65] Denn nach dieser Darstellung stieg die Mitgliederzahl von 1932 bis 1936 von rund 200.000 auf fast 290.000 Personen. Der Überhöhungsfaktor in dem Diagramm betont noch suggestiv dieses Wachstum. Der einzige „Wachstumsknick" in dieser dynamischen Aufwärtsentwicklung stellt das Zeitfenster zwischen 1933 und 1934 dar. Es ist jene Zeit mit den veröffentlichten, korrekten Zahlen von Ende 1933 und 1934.

Abb. 2: Übersicht über die Mitgliederentwicklung der Neuapostolischen Gemeinde im Leitheft des Reichsführers-SS von 1937. Bemerkenswert ist die schwach erkennbare und ausradierte Linie der Mitgliederentwicklung links der „autorisierten" Linie. BArch, R 58/230, fol. 18, Reichssicherheitshauptamt, Leitheft über die Neuapostolische Gemeinde e. V., Mai 1937.

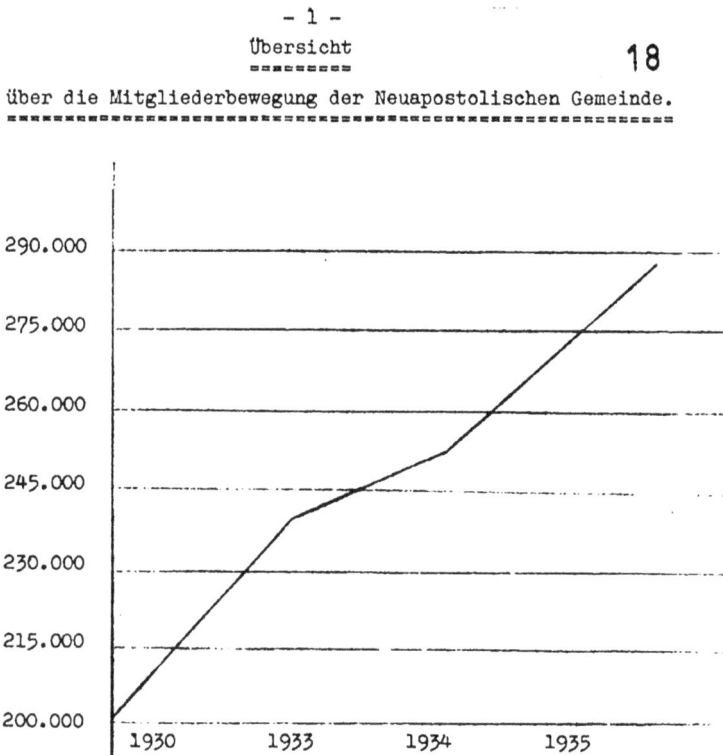

```
                    - 1 -
                   Übersicht                        18
                   =========

      über die Mitgliederbewegung der Neuapostolischen Gemeinde.
      ===========================================================
```

---

65 BArch, R 58/230, S. 18.

Niemand scheint sich die Frage gestellt zu haben, warum einem Leitheft des Jahres 1937 Zahlenmaterial aus den Jahren 1933 und 1934 zugrunde lag? Lagen dem allgegenwärtigen Überwachungsstaat keine aktuellen Zahlen vor? Musste der Reichsführer-SS wirklich auf Daten zurückgreifen, die drei und vier Jahre alt waren? Dies, obwohl unter „Anweisungen für die Berichterstattung" genau festgehalten wurde, dass der Mitgliederstand exakt festzuhalten sei sowie „statistische und organisatorische Veränderungen" zu erfassen wären.[66]

Dass den Überwachungsorganen keine aktuellen Zahlen vorlagen, ist kaum anzunehmen. Zudem findet sich in einem Schreiben von dem für Berlin zuständigen Bezirksapostel Arthur Landgraf an den „Herrn Reichs- und Preußischen Minister für die kirchlichen Angelegenheiten" Hanns Kerrl (1887–1941) vom 17. Februar 1938 die exakte Mitgliederzahl der Neuapostolischen Kirche im Deutschen Reich vom 31.12.1937: 257.561 Mitglieder.[67] Weitere Akten zeigen unmissverständlich die umfassenden Kenntnisse der Überwachungsbehörden, wie etwa das „Verzeichnis aller im Reichsgebiet bestehenden Apostelbezirke und Bezirke und ihre Leiter nach dem Stande vom 31. Dezember 1935 der Sekte 'Neuapostolische Gemeinde e. V.'"[68] In dieses Bild passt das Schreiben des Leiters der Reichsstelle für Sippenforschung an den Reichsführer-SS vom 10. August 1938, in dem es hieß: „Mit Schreiben vom 4.12.36 – II 1134 A. Z. 338/36 ko.[69] überreichten Sie mir ein vollständiges Verzeichnis aller im Reichsgebiet bestehenden jüdischen Synagogengemeinden und ihrer Vorsteher nach dem Stande von 1932/33 und ein vollständiges Verzeichnis der Sekte 'Neuapos-

---

66 BArch, R 58/230, S. 44.
67 BArch, R 5101/23418, S. 221. Die Zahl stimmt genau mit der Kirchenstatistik überein: ANAKI, AL0133, Mitglieder-Statistik, 1937. Auf diesen Tatbestand hat bereits hingewiesen: Liese, Verboten, geduldet, verfolgt, S. 73, FN 261.
68 BArch, R 58/6427, Austritte aus der jüdischen Kultusgemeinschaft, sowie u. a. Erfassung der im Reichsgebiet bestehenden Bezirke der Neuapostolischen Kirche und ihrer Leiter (Verzeichnis), 1936, 1926–1939, S. 293–300.
69 Ko. Ist das Kürzel für SS-Hauptsturmführer Walter Richard Kolrep, der im SD-Hauptamt des Sicherheitsdienstes des Reichsführers-SS (SD) in der „Kirchenpolitischen Abteilung" tätig war.

tolische Gemeinde e. V.'". Kurt Mayer, der Leiter der damals allem Anschein nach überforderten Reichsstelle für Sippenforschung, die dem Reichsinnenministerium zugeordnet war, musste in dem Schreiben allerdings eingestehen, dass er die „Verzeichnisse derzeit nicht zur Hand habe" und bat um eine erneute Zusendung.[70]

Damit wird nachvollziehbar, dass die Vorgängerorganisationen Sicherheitspolizei und Sicherheitsdienst des am 27. September 1939 gegründeten Reichssicherheitshauptamtes im Jahre 1937 die Jahre mit der letzten Steigerung der Mitgliederzahlen von Relevanz verwendet hatten. Und selbst diese Zahlen von 1933 und 1934 haben einen „Wachstumsknick" im dargelegten Diagramm „Übersicht über die Mitgliederbewegung der Neuapostolischen Gemeinde" verursacht.

Wären Zahlen der Jahre 1935 und 1936 zugrunde gelegt worden, hätte die Zunahme bei 2.148 Personen gelegen, denn Ende 1935 hatte die Kirche 253.928 Mitglieder und ein Jahr später 256.076. Wären diese Zahlen für das Diagramm verwendet worden, hätte die Illustration die beabsichtigte Wirkung verfehlt. So musste die Realität an die politische Ideologie adaptiert werden. Ende 1937 lag die Mitgliederzahl schließlich bei 257.561, was einem Wachstum von 1.485 Personen gegenüber dem Vorjahr entspricht. Ein Jahr später, am 31. Dezember 1938 waren es 251.728 Mitglieder und damit war die Mitgliederzahl unter den Wert des Jahres 1935 gesunken.[71]

---

70 BArch, R 58/5713, Beobachtung von Sekten, 1935–1940, o. fol.
71 ANAKI, AL0133, Mitglieder-Statistik, 1933–1938.

Abb. 3: Die Mitgliederentwicklung der Neuapostolischen Kirche in Deutschland: Angaben nach dem „Leitheft" von 1937 und die tatsächliche Entwicklung. BArch, R 58/230, Reichssicherheitshauptamt, Leitheft über die Neuapostolische Gemeinde e. V., Mai 1937, S. 18; ANAKI, AL0133, Mitglieder-Statistik, 1926–1955.

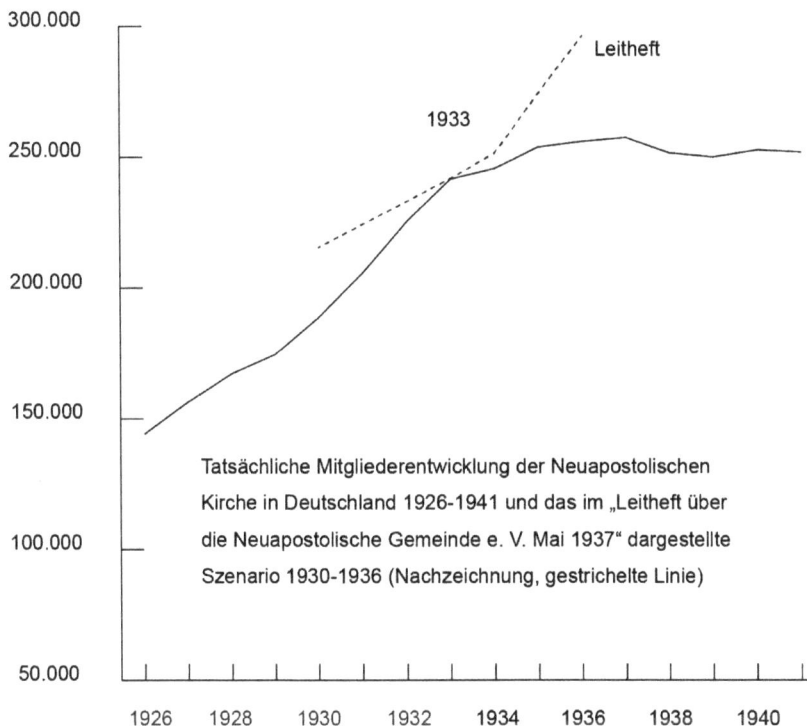

Jedenfalls sollte die von der „Sekte" ausgehende „Gefahr" für den nationalsozialistischen Staat überhöht werden, um Gegenmaßnahmen zu rechtfertigen. Diese Manipulation war eine gängige Maßnahme, die bei „Sekten" und „weltanschaulichen Gruppen" sowie „Staatsfeinden" durchaus üblich war. So berichtete SS-Hauptsturmführer Walter Richard Kolrep, der im SD-Hauptamt des Sicherheitsdienstes des Reichsführers-SS in der „Kirchenpolitischen Abteilung" tätig war, auf einer Tagung über „Das Sektenwesen" 1938: „Seit 1933 ist allgemein im Sektenwesen ein starker Auftrieb zu bemerken. So hat z. B. die 'Neuapostolische Gemeinde' inner-

27

halb der letzten 3 Jahre fast 100.000 neue Mitglieder zu verzeichnen."[72] Tatsächlich betrug der Anstieg von 1935 bis 1937 genau 3.633 Mitglieder. Die Gesamtmitgliederzahl der Neuapostolischen Kirche bezifferte er mit 300.000 Mitgliedern. Doch 1938 betrug deren Mitgliederzahl 251.728. Für die Ernsten Bibelforscher (Zeugen Jehovas) benannte er die völlig überhöhte Zahl von 350.000 Mitgliedern.[73] Für die Christliche Wissenschaft sprach er von 250.000 bis 300.000 Anhängern.

Welche Ziele im SD-Hauptamt verfolgt wurden, ergibt sich aus den Schlussfolgerungen von Kolrep: „Das Ziel ist die Auflösung und das Verbot, also die restlose Zerschlagung und Vernichtung des staatsfeindlichen Sektenwesens in Deutschland und die Beschlagnahme des Vermögens, um den Sekten vor allem die Möglichkeit zu nehmen, illegal weiter zu arbeiten."[74]

Welche absurden Zahlenspielereien betrieben wurden, zeigt sich auch darin, dass Ministerialrat Wilhelm Crohne (1880–1945)[75] von der Reichsjustizverwaltung bei einer Besprechung am 18. Juni 1937 mit Oberlandesgerichtspräsidenten und Generalstaatsanwälten im Reichsjustizministerium am 18. Juni 1937 darlegte, dass ihm von der Gestapo hinterbracht worden sei, dass die Bibelforscher fünf bis sechs Millionen Mitglieder hätten. Er selbst ginge jedoch von ein bis zwei Millionen Mitgliedern aus.[76] Die Beispiele stellen zudem den „Tunnelblick" einer Bewertung von religiösen Gemeinschaften durch die Brille der Dokumente des NS-Staates in Frage. Es handelte sich um einen bewusst manipulativen und ideologieverzerrten

---

72 BArch, R 58/779, Reichssicherheitshauptamt, „Die Gegner der politischen Polizei", Schulungsmaterial, ca. 1933–1942, fol. 141–147, hier fol. 143. Siehe auch: Liese, Verboten, geduldet, verfolgt, S. 73.

73 BArch, R 58/779, fol. 143. Nach Schätzungen belief sich die Anzahl der Mitglieder der Zeugen Jehovas 1933 auf ca. 30.000 Personen, siehe Petersen, Merit: Der schmale Grat zwischen Duldung und Verfolgung. Zeugen Jehovas und Mormonen im „Dritten Reich". In: Gailus, Manfred; Nolzen, Armin (Hg.): Zerstrittene „Volksgemeinschaft". Glaube, Konfession und Religion im Nationalsozialismus. Göttingen 2011, S. 122–150, hier S. 124.

74 BArch, R 58/779, fol. 147.

75 Crohne war seit November 1942 Vizepräsident und Stellvertreter von Roland Freisler beim Volksgerichtshof.

76 Zit. n. Garbe, Detlef: „Sendboten des Jüdischen Bolschewismus", S. 146.

Fokus, um so die erwünschte Handhabe für Maßnahmen gegen die „Sekten" zu erhalten.[77]

Dass die Gestapo zudem auch über die Mitgliederentwicklung auf der Mikroebene bestens informiert war, geht aus weiteren Dokumenten hervor. Da wurde ebenso die Frage der Mitgliederentwicklung thematisiert, so im Schreiben der Bayerischen Politischen Polizei an alle Polizeidirektionen, Staatspolizeiämter, Bezirksämter, Bezirksamtsaußensitze und Stadtkommissäre vom 24. Mai 1935. Hier stand unter dem Betreff „Neuapostolische Gemeinde" u. a.: „Es sind umgehend Mitgliederverzeichnisse der 'Neuapostolischen Gemeinden' zu erstellen und unter Personalienangaben zu berichten, in welcher Richtung die Mitglieder politisch in Erscheinung getreten sind. Insbesondere ist auch ihre Einstellung zum neuen Staate zu ermitteln und festzustellen, ob die Mitgliederzahl der 'Neuapostolischen Gemeinden' seit der Machtübernahme zugenommen hat." Als Anlass für diese Maßnahme wurde angegeben, dass sich „ehemalige Marxisten unter religiöser Tarnung wieder zusammenfinden und ihre Wühlarbeit gegen den Staat fortsetzen."[78] Doch Rückläufe kamen zu dem auch von der Gendarmerie-Station Schönau (Pfalz), Bezirksamt Pirmasens am 17. Juni 1935 vertretenen Ergebnis, dass „die Mitgliederzahl der 'Neuapostolischen Gemeinde' […] seit der Machtübernahme nicht zugenommen" habe.[79]

---

77 Siehe schon: Ebd., S. 145 f.; Liese, Verboten, geduldet, verfolgt, S. 73, der schon die Behauptung von King, The Nazi State, S. 122, in Zweifel zog, dass die erhebliche Zunahme der Neuapostolischen Kirche in der NS-Zeit erfolgt sei. Dies wurde in der einschlägigen Literatur, bei der es sich oft um „Betroffenheitsliteratur" handelt, jedoch kaum rezipiert.

78 Landesarchiv Speyer (LASp), H 42 Nr. 874, o. fol. Bayerische Politische Polizei, B. Nr. 1847435 I 1 B, Anweisung, Mitgliederverzeichnisse der Neuapostolischen Kirche zu erstellen, 24.05.1935. Das Schreiben ist mit dem Stempel „Geheim" versehen.

79 LASp, H 42 Nr. 874, o. fol., Schreiben von Hauptwachtmeister Scherer, Gendarmerie-Station Schönau, 17.06.1935.

III. Die Makroebene

1. Der statistische Befund auf der Makroebene

Die seit 1919 überlieferten Mitgliederverzeichnisse der Neuapostolischen Kirche wurden 1975 nach Zürich transferiert, als der Sitz der Kirchenleitung von Dortmund nach Zürich verlegt wurde. Beim Umzug der Verwaltung im Jahr 2002 kam der Ordner mit der Mitgliederstatistik von 1919 bis 1974 in die Registratur. Von dort wurden die in Vergessenheit geratenen und bei Räumungsarbeiten wieder zum Vorschein gekommenen Akten vom Archivar im Oktober 2015 in das Archiv der Neuapostolischen Kirche International überführt.[80] Offensichtlich handelt es sich um die letzte vorliegende Gesamtstatistik der Neuapostolischen Kirche. Allem Anschein nach sah die Neuapostolische Kirche auch vor 1975 keine Veranlassung, die Zahlen zu veröffentlichen.

---

80 Freundliche Mitteilung von Herrn Gottfried Wisler, ANAKI.

Gesamt - Glieder-Statistik.

Laufende Nr.	Gemeinde Apostelbezirk	Nur versiegelte Glieder.								Vom Bestand in Nr. 8 entfallen auf:	
		Bestand am 1. Januar einschl. Ämter	Neu im Jahr versiegelt	Zugezogen	Wiedereintritt	Entschlafen	Weggezogen	Austritt	Bestand am 31. Dezbr.	unter 14 Jahre alte Glieder	über 14 Jahre alte Glieder
		1	2	3	4	5	6	7	8	9	10
1	Berlin	36624	1136	1657	37	427	1663	370	36994	7591	29403
2	Braunschweig	22262	711	1995	62	233	1871	692	22194	4677	17517
3	Dortmund	28174	637	936	16	288	1073	324	28158	7646	20512
4	Düsseldorf	37552	1145	1418	62	337	1804	759	37257	10139	27118
5	Frankfurt (M.)	25480	625	910	7	206	1162	103	20350	4486	15864
6	Hamburg	17336	525	973	12	165	952	526	17203	4214	12989
7	Heilbronn	36657	1405	1107	25	274	1026	242	37542	8539	29003
8	Karlsruhe	16195	516	739	5	138	813	182	16402	3862	12540
9	Königsberg	21130	703	1692	9	182	1711	327	21298	6356	14942
10	Leipzig	19896	704	2602	26	186	2691	208	20163	4545	15618
		256876	8111	14009	221	2346	14807	3703	257561	62055	195506
11	Schweiz	22457	2224	1414	34	178	1449	407	24095	6476	17619
12	Holland	27923	1331	1584	161	134	1602	603	28660	8947	19713
13	Nordamerika	5023	246	118	23	29	188	160	5187	1305	3882
14	Südafrika										
15	Südamerika										
16	Australien										

Ab 1961 erhielten die Mitgliederstatistiken sogar den Stempel „Vertraulich", an anderer Stelle stand in dieser Statistik der Aufdruck „Nur für die Bezirksapostel". 1962 wurde die Statistik mit den Stempeln „Vertraulich", „Nicht vervielfältigen", „Nur für die Apostel" versehen. Dies mag darauf hindeuten, dass diese Statistiken kaum im Umlauf waren. Hilfreich für eine realistische Einschätzung der Mitgliederentwicklung in der Zeit des Nationalsozialismus war diese Strategie kaum. Es gab also kaum eine Neubewertung der Aktenlage nach dem Zweiten Weltkrieg. Nur in der Zeit des Nationalsozialismus war die Statistik notgedrungen an die Überwachungsorgane des NS-Staates gelangt.

Das Anliegen dieser Darstellung ist es, nicht nur die Daten zwischen 1933 bis 1942, dem letzten Jahr mit entsprechenden Daten vor Kriegsende, zu publizieren, sondern diese Zahlen sollen in die Entwicklung vor und nach der NS-Zeit eingebettet werden, um sich wenigstens einer Longue Durée von 30 Jahren anzunähern. Nur eine solche Kontextualisierung zeigt die Spezifika des Untersuchungszeitraums. Der Beginn wurde auf das Jahr 1926 angesetzt, weil in diesem Jahr der Apostelbezirk Heilbronn, seit 1949 Apostelbezirk Stuttgart, etabliert wurde, dem ein eigenes Kapitel gewidmet ist. Die Gesamtentwicklung der Kirche gestaltete sich in der Zwischenkriegszeit bis Ende 1933 sehr dynamisch. Noch Ende 1919 gab es in Deutschland 78.385 Mitglieder, Ende 1933 waren es 241.710. In 14 Jahren hatten sich die Mitgliederzahlen damit etwa verdreifacht. Danach verlangsamte sich das Wachstum trotz optimaler demographischer Parameter deutlich bis zum Jahr 1937. 1938 schließlich ging die Zahl der Mitglieder um einige tausend Personen zurück. Die letzte statistische Erhebung vor dem Kriegsende im Jahre 1942 wies 250.209 Personen als Mitglieder aus. Dieser Wert lag unter dem des Jahres 1935.[81]

Die ersten beiden Nachkriegsjahre (1946, 1947) beruhen statistisch gesehen wohl auf einer sehr unsicheren Basis. Das hängt einerseits mit den vielen Flüchtlingen und Vertrieben aus den Ostgebieten zusammen, andererseits mit den Millionen an deutschen Kriegsgefangenen sowie der Unterbringung von Ausgebombten außerhalb der betroffenen Städte. Die Zahlen seit Ende der vierziger Jahre zeigen indes wieder ein dynamisches Wachstum bis 1959

---

81 Für wertvolle Hinweise zur statistischen Auswertung der Daten danke ich Herrn Dipl.-Math. Jürgen Juny.

mit 400.325 Mitgliedern. Ab 1960 fehlen die Zahlen der DDR; sie liegen erst wieder für das Jahr 1962 vor, insgesamt sind es dann 403.393 Mitglieder in beiden deutschen Staaten. Hier zeigt sich der Wachstumsbruch durch den Tod von Stammapostel Johann Gottfried Bischoff. Die Jahre danach sind von einem nur noch leichten Wachstum gekennzeichnet, das dann Ende 1971 mit 418.035 Mitgliedern den höchsten Punkt erreichte. In den folgenden Jahren sanken die Mitgliederzahlen zunächst leicht; 1974 waren es 415.367 Mitglieder.[82]

Insgesamt spiegeln sich in der Mitgliederentwicklung die soziökonomischen Krisenjahre der Weimarer Republik, aber auch die Jahre nach dem Zweiten Weltkrieg als ausgeprägte Wachstumsphasen.[83] Dabei schlagen sich die Jahre der Inflation bis zum November 1923 sowie die große Weltwirtschaftskrise seit Oktober 1929 nicht besonders idealtypisch in dieser Kurve nieder, denn die Wachstumskurve zeigt sich in diesen Zeitabschnitten insgesamt recht konstant und wenig beeindruckt von kurzfristigen Konjunktur- und Rezessionsphasen. Diese Konstante weist erst einige Monate nach der Machtergreifung der Nationalsozialisten einen deutlichen Bruch auf.

Wesentlich aufschlussreicher als die Entwicklung der Mitgliederzahlen sind für die NS-Zeit die Parameter „Exogenes Wachstum" (Eintritte) sowie „Austritte". Bei den Austritten lohnt sich ein Vergleich mit der Evangelischen und der Katholischen Kirche. Schließlich gilt es die Aussage statistisch zu hinterfragen, dass „die großen Amtskirchen eine deutliche Zunahme von Austritten zu verkraften hatten", während es der Neuapostolischen Kirche gelang „zehntausende Mitglieder hinzuzugewinnen."[84] In gleichem Maße sind Vergleichswerte der Mitglieder-

---

82 ANAKI, AL0133, Mitglieder-Statistik, 1919–1974. Leider enthalten die Statistiken nur in Ausnahmefällen Hinweise zu organisatorischen Änderungen und Zugehörigkeiten von Bezirken zu den einzelnen Apostelbezirken als Bezugsgrößen. Das erschwert die Vergleichbarkeit. Gerade bei starkem Wachstum wurden neue Apostelbezirke etabliert, so etwa der Apostelbezirk München 1952, was im Apostelbezirk Stuttgart einen Wachstumsknick suggeriert, den es nicht gegeben hat.

83 Eine ähnliche Entwicklung konstatierte Garbe, Detlef: „Sendboten des Jüdischen Bolschewismus", S. 155.

84 Schmolz, Kleine Kirchengeschichte, 2013, S. 100.

entwicklung zu diesen Kirchen und anderen Religionsgemeinschaften von Bedeutung, um spezifische Entwicklungsmuster von statistischer Relevanz zu erkennen.

Unter exogenem Wachstum wird die Zunahme der Mitglieder durch die Konversion in die Neuapostolische Kirche verstanden. Der Eintritt gilt durch die Versiegelung als vollzogen. Nun weisen die Mitgliederstatistiken keine diesbezügliche Rubrik auf. Die Versiegelungen wurden zwar erfasst, doch diese wurden nicht aufgeschlüsselt in Versiegelungen von Kindern neuapostolischer Eltern und solche durch Eintritt in die Neuapostolische Kirche. Dennoch lässt sich das „exogene Wachstum" durch den Kircheneintritt annäherungsweise ermitteln. Denn es liegen die jährlichen Zahlen für die Taufen und die Versiegelungen vor. Da die Übertritte in die Neuapostolische Kirche im Erhebungszeitraum durch Mitglieder anderer christlicher Kirchen erfolgten und daher eine Taufe beim Übertritt nicht erfolgte, lässt sich das exogene Wachstum dadurch feststellen, indem die Zahl der Taufen von der Zahl der Versiegelungen abgezogen wird. Denn Kinder neuapostolischer Eltern wurden in der Regel unmittelbar oder doch einige Wochen und Monate nach der Taufe versiegelt. Die Differenz zwischen beiden Werten ergibt relativ genau das Wachstum durch einen Übertritt in die Neuapostolische Kirche. Werden die Austritte aus der Kirche dann von den so ermittelten Eintritten abgezogen, ergibt sich eine Bilanz der Ein- und Austritte.

Die auf diese Weise gewonnenen statistischen Daten illustrieren einen signifikanten Absturz des exogenen Wachstums in Deutschland vom Jahr 1933 bis zum Jahr 1934. Dieses Wachstum erreichte 1939 seinen Tiefpunkt. Von 1940 bis 1942 erfolgte wieder eine leichte Zunahme auf niedrigem Niveau und entsprach damit dem Trend in den großen Kirchen. Werden die Ein- und Austritte bilanziert, so ergibt sich für das Jahr 1933 noch eine positive Differenz von 14.864 Mitgliedern, ein Jahr später sind es nur noch 1.350 Seelen, 1935 steigt die Zahl wieder auf 2.332 Personen. Ab 1938 fällt diese Bilanz deutschlandweit nur noch negativ aus, wohingegen das wachstumsstarke Württemberg eine schwache Zunahme zu verzeichnen hat.

Der Berliner Historiker Götz Aly stellte 2006 in einem bemerkenswerten Beitrag zur „Historischen Demoskopie" im Nationalsozialismus fest, wie schwer es ist, anhand der „gängigen zeitgeschichtlichen Arbeiten" tatsächlich zu zeigen, „in welchem Ausmaß die Deutschen zwischen 1933 und 1945 der Nazi-Ideologie folgten". „Mutmaßungen über die Volksstimmung" etwa in den Berichten des Sicherheitsdienstes oder den Tagebüchern von Goebbels hält er für fragwürdig.[85] Unter den in dem Buch vorgestellten Indikatoren für die Stimmungslage der Bevölkerung wird auch der Zusammenhang zwischen den Austritten aus den Kirchen und der Zustimmung zur NS-Politik und NS-Ideologie erörtert.[86] „Die von der NSDAP geförderte Säkularisierung" sei Teil eines Modernisierungsprozesses gewesen.[87]

Zunächst jedoch suggerierte die Kirchenpolitik der Nationalsozialisten 1933 und 1934 gegenüber den beiden großen Kirchen eine eher integrative Strategie. Am 23. März 1933 hatte Hitler in seiner Regierungserklärung dargelegt: „Die nationale Regierung sieht in den beiden christlichen Konfessionen die wichtigsten Faktoren zur Erhaltung unseres Volkstums".[88] Doch zwei Jahre nach der Machtübernahme setzte die „Entkonfessionalisierung des öffentlichen Lebens" ein. Bei allen regionalen Disparitäten sowie den Unterschieden zwischen Evangelischer und Katholischer Kirche zeigen sich doch Kongruenzen in den Kirchenaustritten.

---

85 Aly, Götz: Historische Demoskopie. In: Ders. (Hg.): Volkes Stimme. Skepsis und Führervertrauen im Nationalsozialismus. Frankfurt am Main 2006, S. 9–21, hier S. 12–15.

86 Siehe den Beitrag: Granzow, Sven; Müller-Sidibé, Bettina; Simml, Andrea: Gottvertrauen und Führerglaube. In: Aly, Götz (Hg.): Volkes Stimme. Skepsis und Führervertrauen im Nationalsozialismus. Frankfurt am Main 2006, S. 38–58.

87 Über eine enge Interaktion zwischen Modernisierung und Säkularisierung lässt sich streiten, nicht jedoch über den Phänotyp des beschriebenen Prozesses. Zur Diskussion: Pollack, Detlef: Rekonstruktion statt Dekonstruktion: Für eine Historisierung der Säkularisierungsthese. In: Zeithistorische Forschungen/Studies in Contemporary History 7 (2010), S. 433–439.

88 Domarus, Max (Hg.): Hitler. Reden und Proklamationen 1932–1945. 2 Bde. Wiesbaden 1973, S. 379, zit. n. Granzow, Müller-Sidibé, Simml, Gottvertrauen und Führerglaube, S. 43.

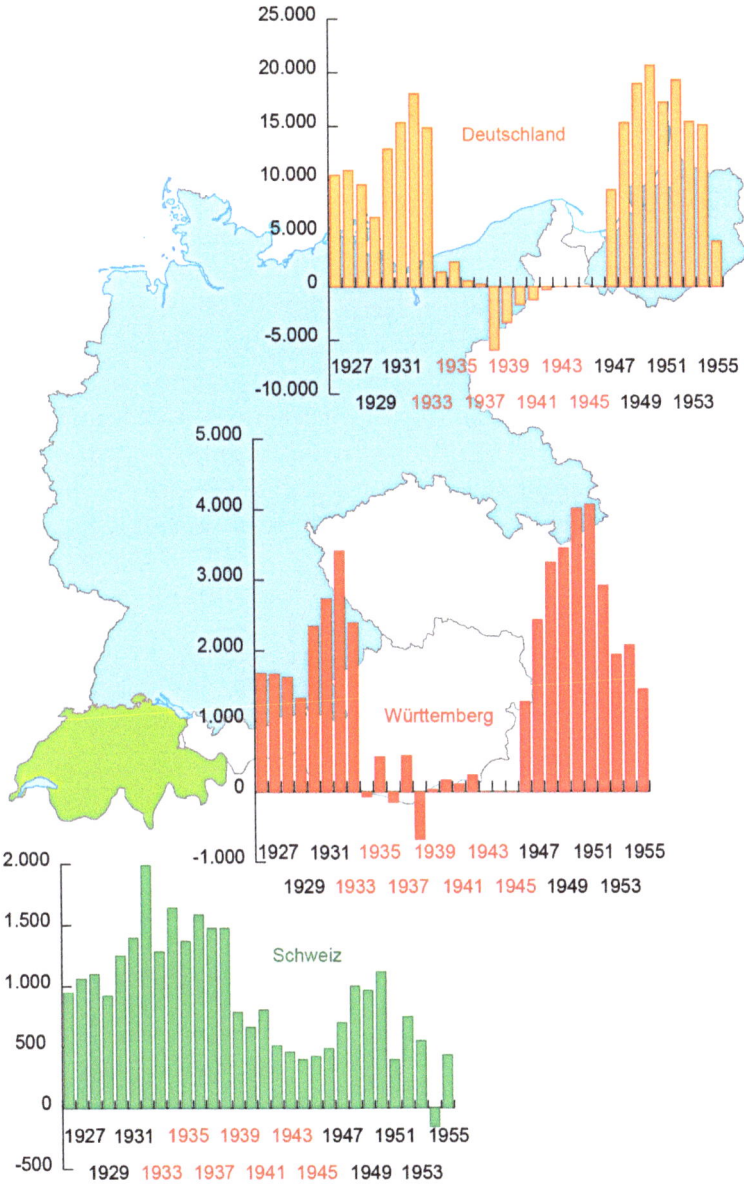

Abb. 5: Bilanz der Ein- und Austritte in Deutschland, Württemberg und der Schweiz (absolute Zahlen), 1926–1955. ANAKI, AL0133, Mitglieder-Statistik, 1926–1955; Archiv NAK CH, o. Sign.

37

1933 und 1934 gingen die Austritte stark zurück, es handelte sich eher um eine „Kircheneintrittsbewegung".[89] Noch 1936 lagen die Austritte unter dem Niveau von 1932. Doch 1937 schnellten die Austritte insgesamt hoch und erreichten 1939 nicht nur ihren Höchststand, sondern hatten ihren Zenit überschritten. Dabei hatten die Austritte aus der Katholischen Kirche schon 1937 das höchste Niveau erreicht, in der Evangelischen Kirche erst 1939. Gerade der Rückgang bereits zu Beginn des Krieges ist als Ausdruck der Beunruhigung der deutschen Bevölkerung zu werten. Insofern kann der Rückgang auch als „Stimmungsbarometer" der Bevölkerung gewertet werden.[90]

Dass die Austritte aus der Neuapostolischen Kirche nicht kongruent zu den großen Kirchen verliefen, ist zu erwarten. Sicher wirkten sich hier der Überwachungsdruck und Maßnahmen wie das Werbeverbot in Württemberg vom 14.06.1933 aus.[91] Aber auch die Sorge vor einem Verbot, das teilweise auch von kirchlicher Seite angemahnt wurde. So berichtete das Blatt „Das Evangelische Deutschland" vom 10. September 1933 anlässlich des erfolgten Verbots der Ernsten Bibelforscher (Zeugen Jehovas): „Die Kirche wird dankbar anerkennen, dass durch dieses Verbot eine Entartungserscheinung des Glaubens beseitigt worden ist und ein wichtiger Schritt zur Gesundung des Gemeindelebens getan wurde. Damit ist jedoch noch

---

89 Rehmann, Jan: Die Kirchen im NS-Staat. Untersuchung zur Interaktion ideologischer Mächte. Berlin 1986, S. 54.

90 Granzow, Müller-Sidibé, Simml, Gottvertrauen und Führerglaube, S. 46, 55, 56.

91 Staats-Anzeiger für Württemberg, Nr. 138, 17.06.1933. Das Werbeverbot wurde in Württemberg flächendeckend überwacht. Zunächst wurden die Oberämter angewiesen, feststellen zu lassen, ob die „beiden Sekten [Zeugen Jehovas, Neuapostolische Kirche] vertreten sind", siehe etwa: Staatsarchiv Sigmaringen (StAS), Oberamt Balingen, Wü 65/4 T 4 1436, Anweisung des Oberamts Balingen an das Polizeiamt Ebingen und an die Bürgermeisterämter des Bezirks, 21.06.1933. In einem zweiten Schritt wurden alle Gemeindeleiter („Vorsteher") vorgeladen. Sie mussten eine „Eröffnungsbescheinigung" unterzeichnen, dass sie das Werbeverbot zur Kenntnis genommen hatten. Bei Zuwiderhandlungen wurde mit einem Strafverfahren und einem Verbot der Gemeinde gedroht, siehe etwa: Staatsarchiv Ludwigsburg (StAL), Oberamt Künzelsau, F 177 II Bü 311, Künzelsau, Eröffnungsbescheinigung gemäß Verordnung des Innenministeriums Württemberg vom 14.06.1933, 27.06.1933.

keine vollständige Bereinigung der Sekten erreicht. Erwähnt seien nur die Neuapostolischen [...]".[92]

Jedenfalls kam es bereits 1934 zu vielen Austritten in der Neuapostolischen Kirche, wobei die folgenden drei Jahre keine besondere Signifikanz mehr aufweisen. Der forcierte Rückgang mag auch eine Reaktion auf ein Schreiben des Kirchenleiters Johann Gottfried Bischoff gewesen sein, der in einem Rundschreiben vom 1. Oktober 1934 folgende Zeilen schrieb: „Da die Propaganda eingestellt und mit einem grösseren Zuwachs nicht mehr zu rechnen ist, wird es gut sein, wenn die Gliederstatistik recht gewissenhaft ausgeführt wird. Allen Personen, die schon längere Zeit die Gottesdienste nicht mehr besuchen, wird man am besten einen Brief folgenden Inhalts schreiben: [...] Da Sie schon längere Zeit die Gottesdienste nicht mehr besuchen, so fragen wir hierdurch höflichst an, ob Sie noch weiter als Mitglied der Neuapostolischen Gemeinde gelten wollen. Senden Sie bitte Ihre Antwort auf beigelegtem Briefbogen mit ja oder nein unter Verwendung des Freiumschlags an meine Adresse zurück. Sollte ich bis zum [Datum] nicht im Besitz Ihrer Antwort sein, so wird angenommen, dass Sie kein Mitglied der neuapostolischen Gemeinde mehr sein wollen."[93] Das Jahr 1938 hingegen erbrachte den Höchststand der Austritte und hat die Entwicklung in der Evangelischen Kirche um ein Jahr antizipiert. Erwartungsgemäß sanken die Austritte in den Kriegsjahren.

Ein Vergleich der Kirchenaustritte pro 10.000 Mitglieder in Deutschland illustriert die in der einschlägigen Literatur[94] über die Neuapostolische Kirche vorgenommene Fehleinschätzung: Die Austritte aus der Neuapostolischen Kirche in der NS-Zeit waren prozentual gesehen wesentlich höher als in der Evangelischen und Katholischen Kirche und erreichten 1938 mehr als das Dreieinhalbfache der ohnehin stark betroffenen Evangelischen Kirche.[95]

---

92 Das Evangelische Deutschland. Kirchliche Rundschau für das Gesamtgebiet der Deutschen Evangelischen Kirche, Nr. 37, 10.09.1933, S. 322.
93 ANAKI, AL0103, Rundschreiben J. G. Bischoff, 1932–1960, hier: 1934.
94 Siehe oben.
95 Hölscher, Lucian (Hg.): Datenatlas zur religiösen Geographie im protestantischen Deutschland. Von der Mitte des 19. Jahrhunderts bis zum Zweiten Weltkrieg, Bd. 1. Berlin 2001, S. 703 f.; ANAKI, AL0133, Mitglieder-Statistik, 1930–1941.

Abb. 6: *Mitgliederentwicklung Evangelische, Katholische und Neuapostolische Kirche 1933 und 1939. 1933 = 100 Prozent. Petzina, Dietmar; Abelshauser, Werner; Faust, Anselm: Sozialgeschichtliches Arbeitsbuch, Band III. Materialien zur Statistik des Deutschen Reiches 1914–1945. München 1978, S. 31; http:// www.verwaltungsgeschichte.de/land_wuerttemberg.html#bevoelkerung (23.09.2016); ANAKI, AL0133, Mitglieder-Statistik,1933, 1939.*

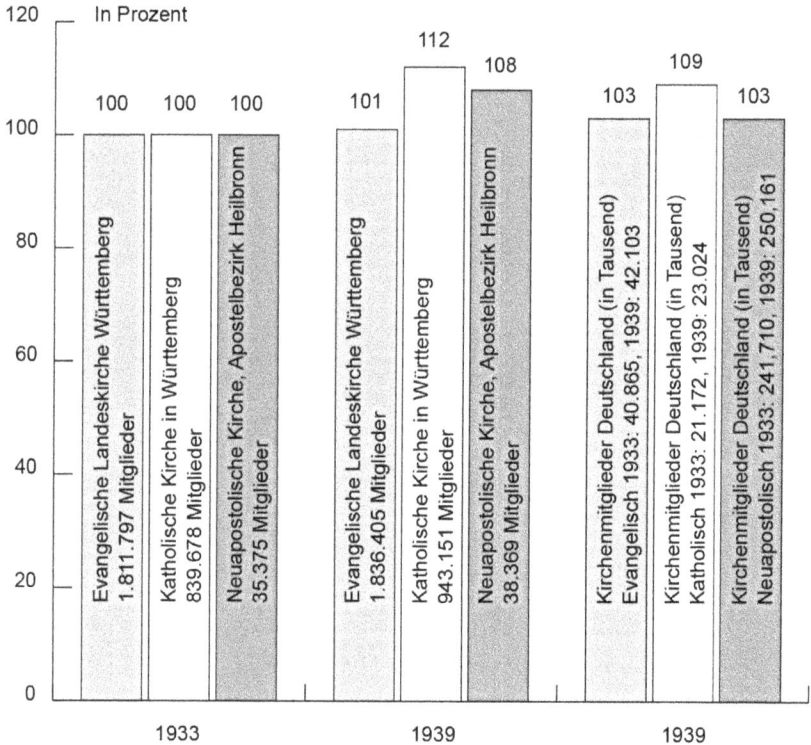

Wird ein Vergleich hinsichtlich der gesamten Mitgliederentwicklung im Deutschen Reich von 1933 bis 1939 vorgenommen, ergibt sich ebenfalls wenig Spektakuläres: Trotz der vielen Austritte konnten alle drei Kirchen die Zahl ihrer Mitglieder erhöhen, was als Folge des demographischen Wachstums gewertet werden kann.[96] Die Mitgliederzahl der Evangelischen

---

96 Dominik Schmolz gab anlässlich einer Diskussion den Impuls für einen diesbezüglichen Vergleich; hierfür sei ihm an dieser Stelle ausdrücklich gedankt.

Landeskirchen stieg von 40.865.000 im Jahr 1933 auf 42.103.000 im Jahr 1939 (Zunahme um 3 Prozent), die der Katholischen Kirche im gleichen Zeitraum von 21.172.000 auf 23.024.000 (Zunahme um 9 Prozent) und in der Neuapostolischen Kirche von 241.710 auf 250.161 (Zunahme um 3 Prozent).[97]

Die von Friedrich Zipfel angeführten Statistiken über die Mitgliederentwicklung von Religionsgemeinschaften in Berlin in den Jahren 1933 bis 1938 eröffnen schließlich die Möglichkeit eines Vergleichs mit anderen kleinen Religionsgemeinschaften.[98] Wird das Wachstum der Neuapostolischen Kirche mit dem anderer religiöser Gemeinschaften verglichen, zeigt sich keineswegs eine herausragende Entwicklung. So nahmen die Mitglieder der Neuapostolischen Kirche im Zeitraum von 1933 bis 1938 um 1,1 Prozent zu, die der Baptisten um 7,1 Prozent, der Methodisten um 18,6 Prozent. Die Adventisten hingegen fielen auf 90,1 Prozent zurück. Insgesamt untermauert auch diese Statistik die exklusive Wachstumsthese für die Neuapostolische Kirche keineswegs.[99]

---

97 Petzina, Dietmar; Abelshauser, Werner; Faust, Anselm: Sozialgeschichtliches Arbeitsbuch, Band III. Materialien zur Statistik des Deutschen Reiches 1914–1945. München 1978, S. 31; ANAKI, AL0133, Mitglieder-Statistik, 1933 und 1939.

98 Zipfel, Kirchenkampf, S. 23; ANAKI, AL0133, Mitglieder-Statistik, 1933 bis 1938.

99 Zu den Daten: Siehe Statistischer Anhang.

Abb. 7: *Mitgliederentwicklung von Religionsgemeinschaften in Berlin, 1933–1938. 1933 = 100 Prozent. Zipfel, Friedrich: Kirchenkampf in Deutschland 1933–1945. Religionsverfolgung und Selbstbehauptung der Kirchen in der nationalsozialistischen Zeit. Berlin 1965, S. 23.*

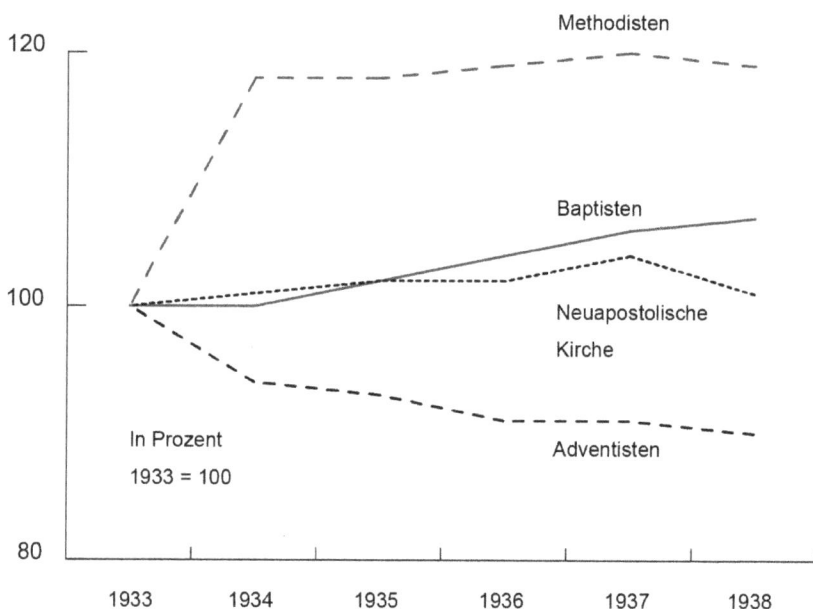

2. Disparitäten im exogenen Wachstum: Ein Vergleich

Beim exogenen Wachstum (Eintritte) bietet sich ein Vergleich der Mitgliederentwicklung zwischen dem Deutschen Reich und der Schweiz an. So können Spezifika erfasst und kongruente wie inkongruente Entwicklungslinien aufgezeigt werden. Um eine Vergleichbarkeit zu gewährleisten, wird das Jahr 1926 als Ausgangsjahr des relativen Vergleichs angesetzt. Geradezu auffallend ist die Kongruenz des exogenen Wachstums bis zum Jahr 1933. Die Wachstumskurven zwischen dem Deutschen Reich insgesamt, dem Apostelbezirk Heilbronn (Württemberg) und der Schweiz sind für diese Zeit weitgehend identisch.

Abb. 8: *Exogenes Wachstum (Eintritte) in Württemberg, der Schweiz und in Deutschland: Disparitäten in der Mitgliederentwicklung, 1926–1955, in Prozent (1926 = 100 Prozent). Der Rückgang in der Schweiz von 1939 bis 1940 hängt auch mit dem Wegfall der französischen Bezirke zusammen. ANAKI, AL0133, Mitglieder-Statistik, 1926–1955; Archiv NAK CH, o. Sign.*

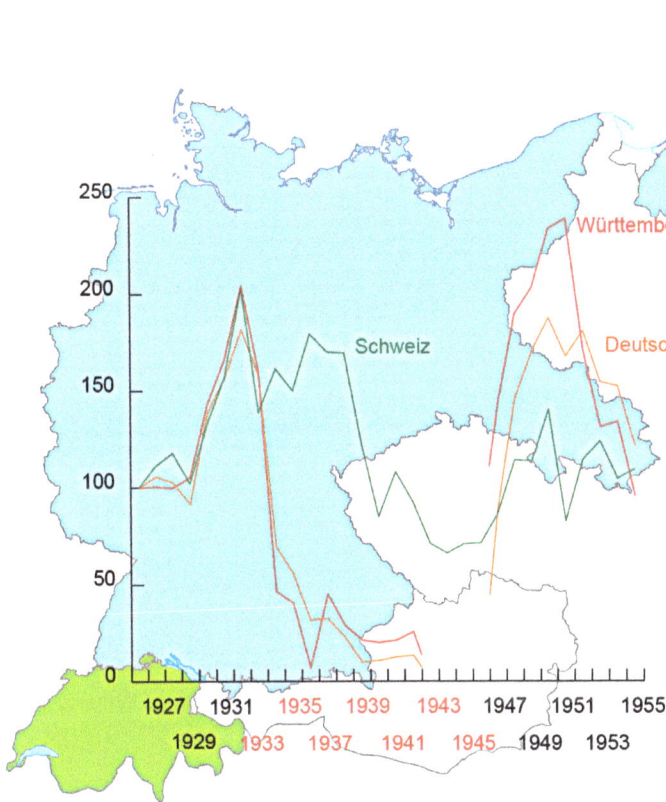

Doch nach dem Machtantritt der Nationalsozialisten zeigen sich bei diesem Vergleich erhebliche Disparitäten. In der Schweiz setzte sich das exogene Wachstum fort, um erst 1939 zu sinken und in den späten Kriegsjahren seinen Tiefpunkt zu erreichen. Hingegen stürzte der Zuwachs in Deutschland ab 1934 geradezu ab. In der Nachkriegszeit zeigten sich im Gegensatz zur Schweiz in Deutschland ausgeprägte „Nachholeffekte", die zwar im

Kurvenverlauf zwischen Deutschland und der Schweiz ähnlich verlaufen, aber hinsichtlich der Quantität deutliche Unterschiede aufweisen.

Erwartungsgemäß werden diese Disparitäten in einer Bilanz der Ein- und Austritte noch deutlicher. Zwischen 1934 und 1942 geht im Deutschen Reich das Wachstum deutlich zurück, was für die Schweiz in diesem Zeitraum nicht konstatiert werden kann. So veranschaulichen die statistischen Werte durch den Vergleich die Auswirkungen der nationalsozialistischen Politik.

IV. Der regionale Fokus

1. Das Beispiel Württemberg

In keiner Region verlief das Mitgliederwachstum der Neuapostolischen Kirche nach dem Ersten Weltkrieg so dynamisch wie in Württemberg. Der Apostelbezirk Heilbronn wurde am 1. Januar 1926 etabliert. Er bestand zu diesem Zeitpunkt aus den zwölf Bezirken Heilbronn, Schwäbisch Hall, Stuttgart-West, Stuttgart-Süd, Stuttgart-Degerloch, Freudenstadt, Nürtingen, Cannstatt, Reutlingen, Ulm, Schorndorf und Göppingen. Damit war dieser Apostelbezirk weitgehend deckungsgleich mit dem Territorium von Württemberg. Allerdings gehörten im Westen einige württembergische Gemeinden zum Bezirk Pforzheim im Apostelbezirk Karlsruhe. Im Süden war der Bezirk Schwenningen mit wenigen württembergischen Gemeinden ebenfalls Teil des Apostelbezirks Karlsruhe. Auf der anderen Seite gehörten zum württembergischen Bezirk Ulm einige Gemeinden in Bayern sowie Dornbirn in Vorarlberg (Österreich). Auch der Bezirk Schorndorf griff mit zwei Gemeinden in Bayern über die Landesgrenze hinaus, ebenso der Bezirk Heilbronn, der mit wenigen Gemeinden bis nach Nürnberg reichte und zu dem auch die Gemeinde Sennfeld (Baden) gehörte. Die Gemeinde Hechingen des Bezirks Reutlingen lag auf hohenzollerischem Gebiet.[100] Die Leitung des Apostelbezirks lag bei Bezirksapostel Karl Gutbrod (1869–1940). Sein Nachfolger wurde nach dem krankheitsbedingten Ausscheiden von Gutbrod im Jahre 1938 Georg Schall (1886–1966).

Im gesamten Deutschen Reich nahmen die Mitglieder von 144.239 im Jahre 1926 auf 225.456 im Jahre 1932 zu, was einem Wachstum auf 156,3 Prozent entspricht. In Württemberg waren es 1926 18.517 und 1932 32.841 Mitglieder, mithin ein Wachstum auf 177,4 Prozent. Ein Vergleich mit anderen Apostelbezirken mit starkem Wachstum unterstreicht die Sonderstellung Württembergs.

---

100 ANAKI, AL0138, Adressbücher der Apostolischen Gemeinden, 1905–1950, Adressbuch des Apostelbezirks Heilbronn 1933.

Abb. 9: Neuapostolische Gemeinden in Württemberg, 1907.
Historischer Atlas von Baden-Württemberg. (VIII-14 Die konfessionelle
Gliederung in Baden-Württemberg 1961, bearbeitet von Fred Sepaintner,
1975). Stuttgart 1972–1988; ANAKI, AL0138, Adressbücher der Apos-
tolischen Gemeinden, 1905–1950, Adressbuch 1908.

*Abb. 10: Neuapostolische Gemeinden in Württemberg, 1932.
Historischer Atlas von Baden-Württemberg. (VIII-14 Die konfessionelle Gliederung in Baden-Württemberg 1961, bearbeitet von Fred
Sepaintner, 1975). Stuttgart 1972–1988; ANAKI, AL0138, Adressbücher der Apostolischen Gemeinden, 1905–1950, Adressbuch 1933.*

evangelisch römisch-katholisch

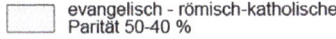

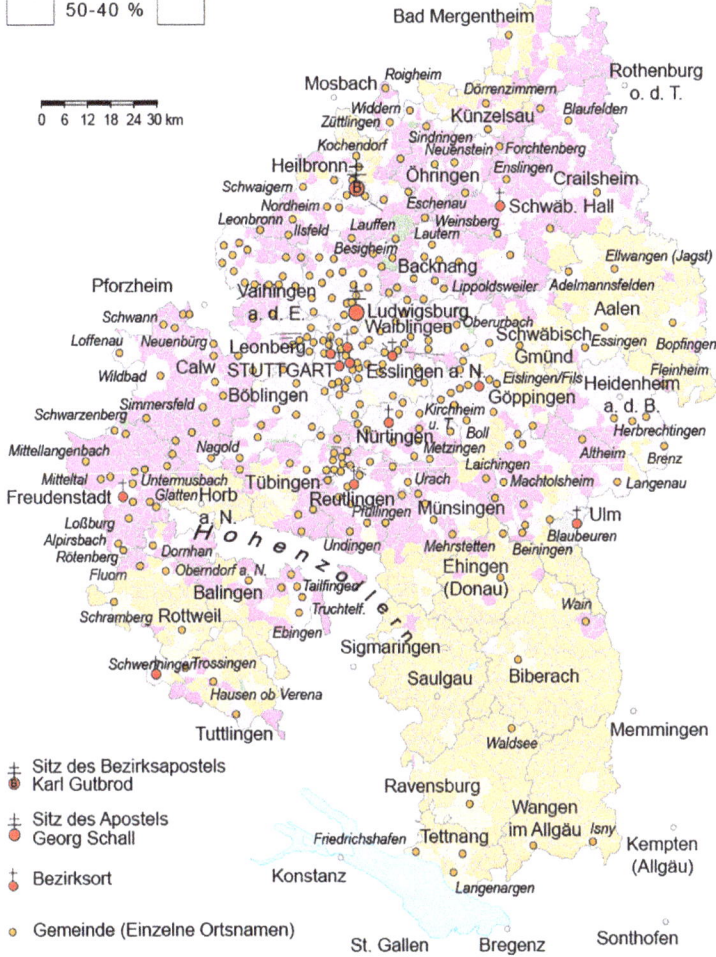

100-81 %		
80-51 %		
50-40 %		

evangelisch - römisch-katholische
Parität 50-40 %

unbewohnte Gebiete und
geschlossene Waldflächen

0 6 12 18 24 30 km

Bad Mergentheim
Mosbach   Roigheim   Rothenburg
                Dörrenzimmern   o. d. T.
        Widdern   Blaufelden
      Züttlingen   Sindringen Künzelsau
      Kochendorf   Neuenstein Forchtenberg
Heilbronn   Enslingen
Schwaigern   Öhringen   Crailsheim
        Nordheim   Eschenau Schwäb. Hall
Leonbronn   Ilsfeld Lauffen Weinsberg
              Besigheim Lautern
                        Backnang   Ellwangen (Jagst)
Pforzheim   Vaihingen   Lippoldsweiler Adelmannsfelden
            a. d. E.   Ludwigsburg   Aalen
Schwann   Waiblingen Oberurbach
Loffenau Neuenbürg Leonberg   Schwäbisch Essingen Bopfingen
Wildbad   Calw STUTTGART Esslingen a. N. Gmünd   Fleinheim
        Simmersfeld Böblingen   Eislingen/Fils Göppingen Heidenheim
Schwarzenberg   Kirchheim   a. d. B.
        Nagold   u. T. Boll   Herbrechtingen
Mittelangenbach   Nürtingen Metzingen Altheim   Brenz
        Mitteltal Untermusbach Tübingen Urach Machtolsheim Langenau
Freudenstadt Glatten Horb Reutlingen
        Loßburg   a. N.   Pfullingen Münsingen   Ulm
Alpirsbach   Dornhan Undingen Mehrstetten Beiningen
Rötenberg   Oberndorf a. N.   Blaubeuren
        Fluorn   Tailfingen   Ehingen
        Balingen   Truchtelf. (Donau)
Schramberg Rottweil Ebingen   Wain
Schwenningen Trossingen   Sigmaringen
        Hausen ob Verena   Saulgau Biberach
Tuttlingen   Memmingen
                    Waldsee

‡ Sitz des Bezirksapostels
Ⓑ Karl Gutbrod   Ravensburg

‡ Sitz des Apostels   Wangen
● Georg Schall   Friedrichshafen Tettnang im Allgäu Isny
                              Kempten
† Bezirksort   Konstanz   (Allgäu)
                    Langenargen

o Gemeinde (Einzelne Ortsnamen)
                St. Gallen Bregenz   Sonthofen

47

Dabei beschränkte sich dieses schnelle Wachstum fast ausschließlich auf das altwürttembergische, evangelische Gebiet.[101] Entstanden Gemeinden in Neuwürttemberg, so erfolgte dies vornehmlich in protestantischen Gebieten des ehemaligen Territoriums der Freien Reichsstadt Ulm oder in den gemischtparitätischen Städten Oberschwabens Biberach und Ravensburg mit (teilweise) evangelischer Bevölkerung, in denen im 16. Jahrhundert eine Stadtreformation stattgefunden hatte.[102]

Offensichtlich hatte die Neuapostolische Kirche in dem vom Pietismus stark geprägten Württemberg großen Erfolg. Hier liegen Bezüge zu der Wirkungsgeschichte und den Ideen des Prämillenarismus sowie den eschatologischen Lehren u. a. Johann Albrecht Bengels (1687–1752) nahe.

Der Glaube an die baldige Wiederkunft von Jesus Christus spielte hier eine große Rolle, obwohl diese Auffassungen keineswegs deckungsgleich mit den Vorstellungen der Neuapostolischen Kirche sind. Aber die chiliastischen Traditionen in Württemberg sind unverkennbar.[103] Ebenso die separatistischen Tendenzen, die sich nach der letzten dramatischen Hungersnot in Mitteleuropa in den Jahren 1816/17 Bahn in einer Auswanderung insbesondere in das Kaukasusgebiet brachen. Dort, am Fuße des Ararat, wollten sich die Gläubigen auf das Tausendjährige Friedensreich vorbereiten. Doch zweifellos spielten jenseits der religiösen Konnotationen sozioökonomische Motive ebenso eine dominante Rolle.[104]

---

101 Unter Altwürttemberg wird das Territorium verstanden, das schon vor dem Reichsdeputationshauptschluss 1803 zum Herzogtum Württemberg gehört hatte. Die „neuwürttembergischen" Gebiete entsprechen den territorialen Zugewinnen danach. Es handelte sich fast durchweg um katholische Gebiete.

102 Noch immer einen guten Überblick bietet: Blickle, Peter: Die Reformation im Reich. Stuttgart ⁴2015.

103 Aus der Fülle der Literatur sei hier nur zitiert: Kannenberg, Michael: Verschleierte Uhrtafeln. Endzeiterwartungen im württembergischen Pietismus zwischen 1818 und 1848. Göttingen 2007.

104 Krauss, Karl-Peter: Wirtschaftliche Rahmenbedingungen der Auswanderung aus Württemberg nach Russland 1817. In: Flucht vor der Reformation. Täufer, Schwenckfelder und Pietisten zwischen dem deutschen Südwesten und dem östlichen Europa. Hg. v. Christine Absmeier u. Annemarie Röder. Stuttgart 2016, S. 42–53.

Immerhin lässt es aufhorchen, welche Kontinuitätsstränge in der württembergischen Kirchen- und Sozialgeschichte in Bezug auf chiliastisches Gedankengut zwischen den Auswanderern und der Neuapostolischen Kirche bestehen. Das zeigt sich etwa anhand des in der Universitätsbibliothek Wien vor etwas mehr als 20 Jahren aufgefundenen Exemplars der „Geistlichen Gedichte und Gesänge für die nach Osten eilenden Zioniden". Manches der angeführten Lieder wie etwa „Auf Brüder eilt und füllt mit Oehl / Die Lampe, schmücket Leib und Seel, / Der Bräut`gam kommt in seinen Saal, / Fort eilt und halt mit ihm das Mahl" erinnert mitunter an das ältere Liedgut der Neuapostolischen Kirche.[105]

Für die Evangelische Landeskirche bedeutete das Wachstum der Neuapostolischen Kirche einen starken Aderlass an Gläubigen. Die Austritte aus der Evangelischen Landeskirche zwischen 1919 und 1937 und wohl auch in den folgenden Jahren kamen besonders der Neuapostolischen Kirche zugute.[106]

---

105 Zwink, Eberhard; Trautwein, Joachim: Geistliche Gedichte und Gesänge für die nach Osten eilenden Zioniden. 1817. In: Blätter für württembergische Kirchengeschichte, 94, 1994, S. 47–90.

106 Einen guten, mit statistischen Angaben untermauerten Überblick bietet: Haller, J[osef]: Die evangelische Kirche Württembergs in ihrer Entwicklung während des letzten halben Jahrhunderts auf Grund der kirchlichen Statistik. In: Blätter für württembergische Kirchengeschichte, 43. Jg. 1939, S. 28–66.

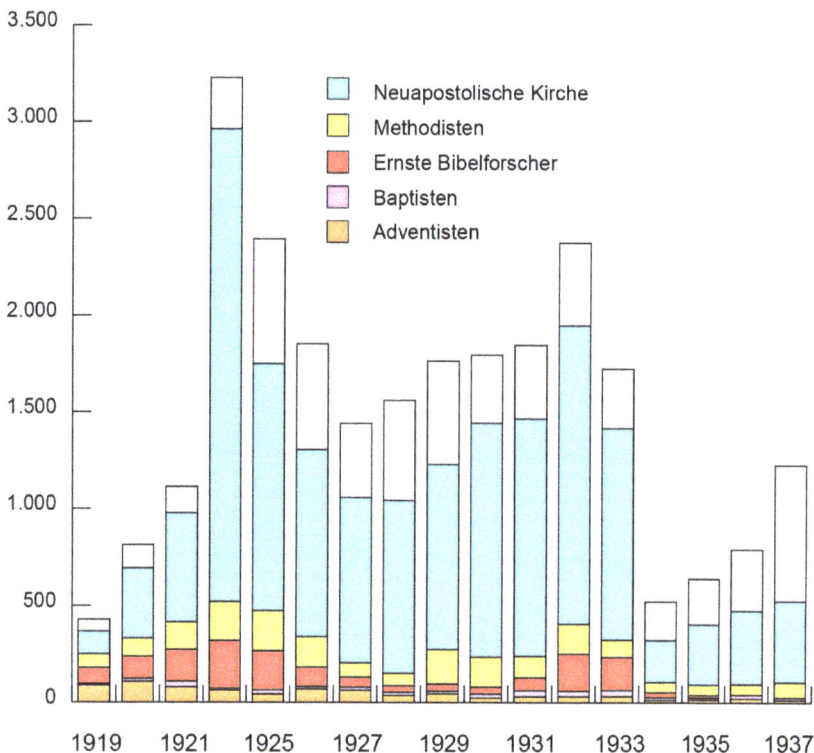

Abb. 11: Austritte aus der Evangelischen Landeskirche Württemberg und Eintritte in andere Religionsgemeinschaften. Haller, J[osef]: Die evangelische Kirche Württembergs in ihrer Entwicklung während des letzten halben Jahrhunderts auf Grund der kirchlichen Statistik. In: Blätter für württembergische Kirchengeschichte, 43. Jg. 1939, S. 28–66, hier S. 50 f.

Balkenhöhe: Gesamtzahl der Austritte aus der Evangelischen Landeskirche
Württemberg. Eintritte davon in folgende religiöse Gemeinschaften:

- Neuapostolische Kirche
- Methodisten
- Ernste Bibelforscher
- Baptisten
- Adventisten

1919 1921 1925 1927 1929 1931 1933 1935 1937

Doch auch in der Neuapostolischen Kirche in Württemberg zeigte sich nach der Machtergreifung durch Hitler ein verlangsamtes Wachstum, das schließlich in Stagnation verharrte und in der Bilanz der Ein- und Austritte in den Jahren 1934, 1936 und 1938 in ein Negativwachstum überging. Trotz der positiven demographischen Entwicklung kam es 1938 sogar zu einem leichten Rückgang. Dabei handelte es sich, völlig im Gegensatz zu der gegenwärtigen Situation, um eine überaus junge Gemeinde: Ende des Jahres 1933 waren von den 35.375 Mitgliedern 9.078 Kinder unter 14 Jahren, das heißt jedes vierte Mitglied gehörte zu dieser Altersgruppe.

Abb. 12: Kirchenaustritte: Evangelische Landeskirche in Württemberg und Neuapostolische Kirche (Apostelbezirk Heilbronn), 1926–1938. 1926 = 100 Prozent. Haller, J[osef]: Die evangelische Kirche Württembergs in ihrer Entwicklung während des letzten halben Jahrhunderts auf Grund der kirchlichen Statistik. In: Blätter für württembergische Kirchengeschichte, 43. Jg. 1939, S. 28–66, hier S. 50 f.; ANAKI, AL0133, Mitglieder-Statistik, 1926–1938.

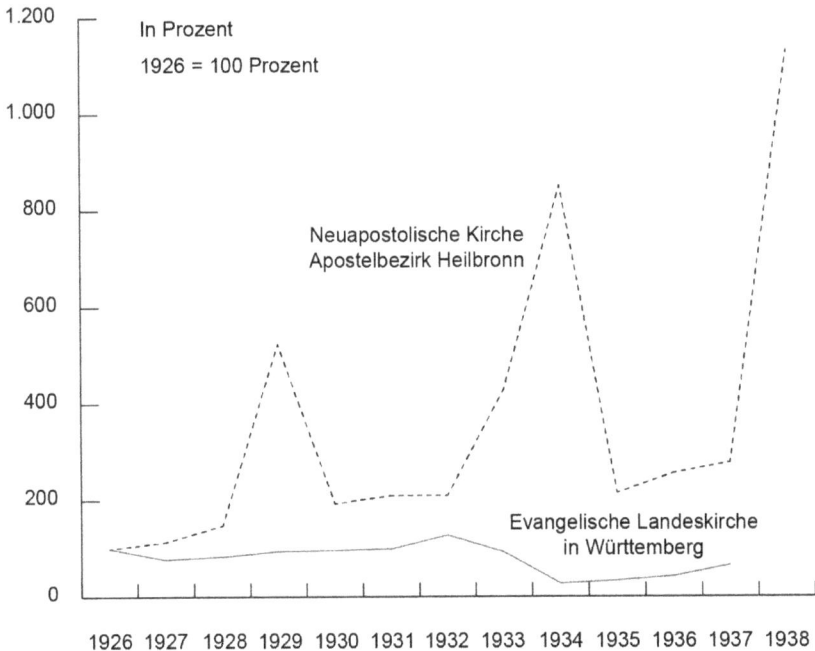

In Prozent

1926 = 100 Prozent

Neuapostolische Kirche
Apostelbezirk Heilbronn

Evangelische Landeskirche
in Württemberg

1926 1927 1928 1929 1930 1931 1932 1933 1934 1935 1936 1937 1938

Abb. 13: *Kirchenaustritte in Deutschland, 1930 bis 1941 pro 10.000 Mitglieder. Lucian Hölscher (Hg.): Datenatlas zur religiösen Geographie im protestantischen Deutschland. Von der Mitte des 19. Jahrhunderts bis zum Zweiten Weltkrieg, Bd. 1. Berlin 2001, S. 703–704; Datensatz AKKZG II.; ANAKI, AL0133, Mitglieder-Statistik, 1930–1941.*

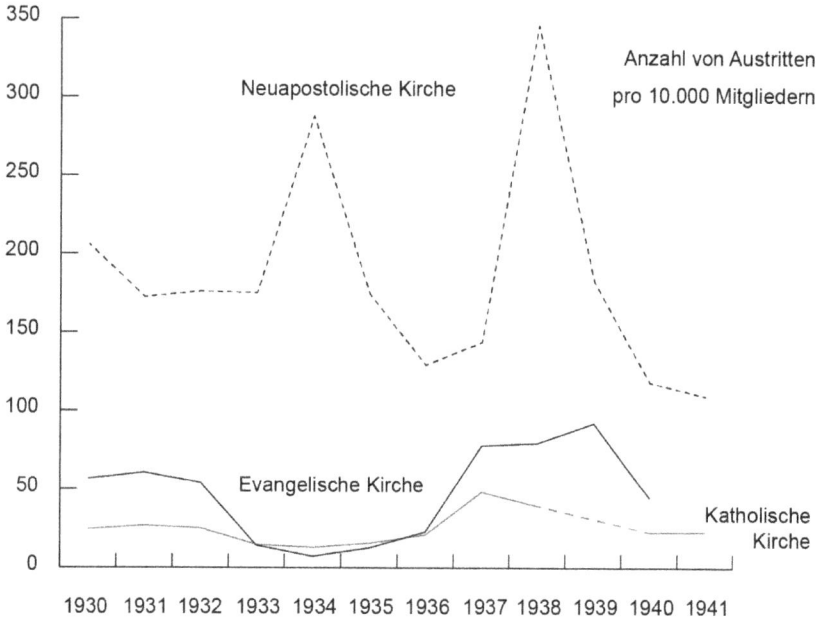

Doch auch hier kulminierten die Austritte mit 1.189 Personen im Jahr 1938, was etwa 3,2 Prozent der Mitglieder entsprach. Schon 1934 waren 895 Personen aus der Kirche ausgetreten. Prozentual gesehen war der Austritt aus der Neuapostolischen Kirche im Jahr 1929, insbesondere aber in den Jahren der NS-Herrschaft wesentlich höher als in der Evangelischen Landeskirche. Erst die Kriegsjahre führten zu einem deutlichen Rückgang der Austritte, wobei allerdings für die Jahre 1943 bis 1945 keine Zahlen mehr vorliegen. 1946 jedoch war die Anzahl der Mitglieder auf 47.174 stark gestiegen. Das ist nicht weiter verwunderlich, strömten doch nach dem Kriege auch nach Württemberg zehntausende Flüchtlinge aus den Ostgebieten, darunter auch

Mitglieder der NAK.[107] In Bezug auf die Bilanz der Ein- und Austritte spiegelt sich in Württemberg weitgehend die Situation im gesamten Deutschen Reich, allerdings war hier die Wachstumsdynamik anders als in anderen Apostelbezirken und Regionen des Reiches trotz des Werbeverbots nicht so leicht abzubremsen. 1933 waren es in Württemberg 35.375 Mitglieder, 1942 gab es 39.616 Mitglieder. Werden die Ein- und Austritte in diesem Zeitraum bilanziert, ergibt sich ein externer Zuwachs von 3.031 Personen. Allerdings trug zu dieser positiven Bilanz allein das Jahr 1933 mit einem positiven Saldo von 2.390 Personen bei. Danach ebbte das externe Wachstum weitgehend ab. Der restliche Mitgliederzuwachs von 1933 bis 1942 in Höhe von 1.210 Personen war Folge des demographischen Wachstums.

2. Das Werbeverbot in Württemberg und Spielarten der Sanktion

Im „Staats-Anzeiger für Württemberg" vom 17. Juni 1933 wurde die mit dem 14. Juni 1933 datierte „Verordnung des Innenministeriums über die Werbetätigkeit der Internationalen Bibelforschervereinigung [Zeugen Jehovas] und der Neuapostolischen Sekte" veröffentlicht. Diese Verordnung berief sich auf § 1 der Verordnung des Reichspräsidenten zum Schutz von Volk und Staat von 28. Februar 1933 nach dem Reichsgesetzblatt I, S. 28. Den Anhängern dieser Gemeinschaften in Württemberg wurde „verboten, Personen, die nicht zu den erklärten Mitgliedern dieser Vereinigungen gehörten, zum Zweck der Verbreitung von Druckschriften dieser Vereinigungen oder der Erörterung ihrer Lehren aufzusuchen." Zuwiderhandlungen sollten bestraft werden. Im „Erlaß des Innenministeriums an die Bezirks- und Ortspolizeibehörden über die Werbetätigkeit der Internationalen Bibelforschervereinigung und der Neuapostolischen Sekte" wurden diese angewiesen, die „Einhaltung des Verbots streng zu überwachen und im Falle der Zuwiderhandlung unnachsichtlich[108] Strafverfolgung einzuleiten." Des Weiteren sollten „das Polizeipräsidium Stuttgart und die Oberämter [...] den örtlichen Führern der beiden Sekten das Verbot jeder Werbetätigkeit außerhalb des Kreises ihrer Mitglieder noch

---

107 Allerdings fällt auf, dass es ein Jahr später wiederum fast 3.000 Mitglieder weniger waren – vermutlich war dies einer mangelhaften statistischen Erhebung nach dem Kriegsende geschuldet.

108 Wort wie im Original.

besonders gegen Bescheinigung [...] eröffnen mit dem Hinweis darauf, daß im Falle der Nichtbeachtung mit einem Verbot dieser Sekten und der Auflösung ihrer Einrichtungen wegen Gefährdung der öffentlichen Ordnung zu rechnen ist. Stuttgart 14. Juni 1933."[109]

Die Überwachung der Einhaltung des am 14. Juni 1933 erlassenen Werbeverbots setzte zunächst die Erfassung aller Gemeindeleiter (Vorsteher) voraus. Das war die Voraussetzung dafür, dass das Werbeverbot durchgesetzt werden konnte. Die Umsetzung dieser Maßnahmen erfolgte in einer beachtenswerten Geschwindigkeit. Denn schon am 21. Juni 1933 wies etwa das Oberamt Balingen das Polizeiamt Ebingen und die Bürgermeisterämter an, die Ortspolizeibehörden feststellen zu lassen, „ob in ihren Bezirken die beiden Sekten[110] vertreten sind und zutreffendenfalls die Anschriften der örtlichen Führer dem Oberamt bis 10. Juli mitzuteilen."[111] Am 22. Juli berichtete das Bürgermeisteramt Balingen an das Oberamt Balingen: „Die internationale Bibelforschervereinigung ist hier nicht vertreten. Die Neuapostolische Sekte ist vertreten. Der örtliche Führer derselben ist Alexius W., Wörthstrasse 22."[112] Am 11. August wies das Oberamt das Landjägerkommando an, „die Ziffer 2 des Erlasses vom 14. Juni 1933 [...] nachstehenden Personen gegen unterschriftliche Bescheinigung zu eröffnen: Alexius W., Balingen, Wörthstrasse 22 [...]".[113] Schon am 17. August 1933 bestätigte W. per Unterschrift, dass ihm die Ziffer 2 des Erlasses vom 14. Juni 1933 eröffnet worden war.[114]

Diese Eröffnungsbescheinigungen waren inhaltlich in den verschiedenen Oberämtern nicht einheitlich. Hier hatten die unteren Verwaltungsbehörden Formulierungsspielraum. Im Oberamt Künzelsau musste der Vorsteher der

---

109 Staats-Anzeiger für Württemberg vom 17. Juni 1933, Verordnung vom 14.06.1933.

110 Gemeint sind neben der Neuapostolischen Kirche die Ernsten Bibelforscher (Zeugen Jehovas).

111 StAS, Oberamt Balingen, Wü 65 4 T 4 Bü 1436, o. fol., Anweisung des Oberamts Balingen betr. Werbetätigkeit, 21.06.1933.

112 StAS, Oberamt Balingen, Wü 65 4 T 4 Bü 1436, Mitteilung über den „örtlichen Führer" der „Neuapostolischen Sekte", 22.07.1933. Das Schreiben trägt den Eingangsstempel vom 26.07.1933.

113 StAS, Oberamt Balingen, Wü 65 4 T 4 Bü 1436, o. fol., Anweisung des Oberamts Balingen an das Landjägerkommando, 11.08.1933.

114 StAS, Oberamt Balingen, Wü 65 4 T 4 Bü 1436, o. fol., Unterschriftliche Bestätigung, 17.08.1933.

Gemeinde Ingelfingen folgende Bescheinigung unterzeichnen: „Es wurde mir heute eröffnet: 1.) daß auf Grund der Verordnung des Innenministeriums vom 14. Juni 1933 […] jede Werbetätigkeit bezüglich Gewinnung von Mitgliedern bei Personen, welche nicht zu unseren erklärten Mitgliedern gehören, verboten ist; 2.) daß bei Zuwiderhandlungen dieser Verordnung ein Strafverfahren gegen den Werbenden eingeleitet wird; 3.) daß bei Zuwiderhandlungen gegen diese Verordnung, wegen Gefährdung der öffentlichen Ordnung die Neuapostolische Gemeinde verboten und deren Einrichtungen aufgelöst wird. v[orgelesen], g[enehmigt], u[nterzeichnet]. Ingelfingen, den 27.6.1933. Verantwortlich für Bezirk Mergentheim, Leonhard T.“[115]

Abb. 14: Eröffnungsbescheinigung gemäß Verordnung des Innenministeriums Württemberg vom 14.06.1933 (Verbot der Werbung). StAL, Oberamt Künzelsau, F 177 II Bü 311, o. fol., 27.06.1933.

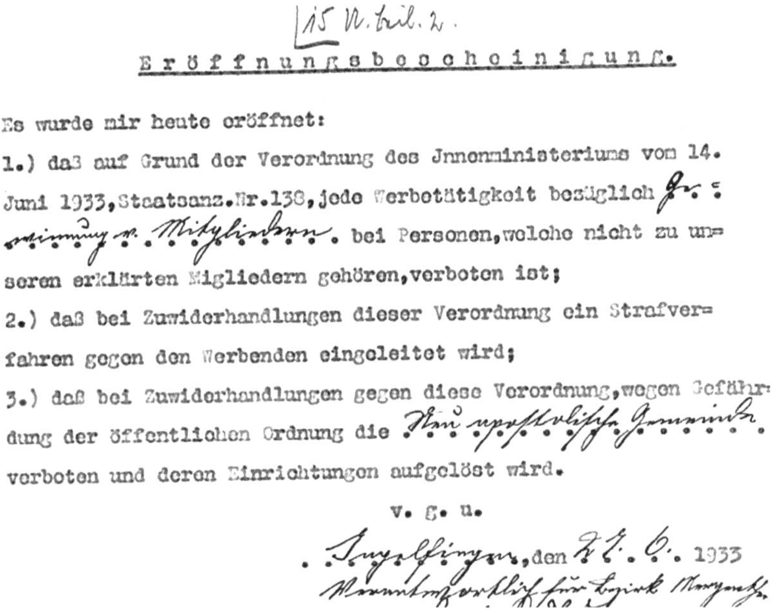

Eröffnungsbescheinigung.

Es wurde mir heute eröffnet:

1.) daß auf Grund der Verordnung des Jnnenministeriums vom 14. Juni 1933, Staatsanz. Nr. 138, jede Werbetätigkeit bezüglich Gewinnung v. Mitgliedern. bei Personen, welche nicht zu unseren erklärten Migliedern gehören, verboten ist;

2.) daß bei Zuwiderhandlungen dieser Verordnung ein Strafverfahren gegen den Werbenden eingeleitet wird;

3.) daß bei Zuwiderhandlungen gegen diese Verordnung, wegen Gefährdung der öffentlichen Ordnung die Neuapostolische Gemeinde. verboten und deren Einrichtungen aufgelöst wird.

v. g. u.

Ingelfingen, den 27.6. 1933

Verantwortlich für Bezirk Mergentheim

115 StAL, Oberamt Künzelsau, F 177 II Bü 311, o. fol., Eröffnungsbescheinigung vom 27.06.1933. Hier unterlag das Oberamt Künzelsau einem Irrtum, denn Trump war nicht Bezirksleiter des Bezirks Mergentheim, sondern Vorsteher der Gemeinde Ingelfingen.

Der für Schlierbach zuständige Gemeindeleiter Ernst D. musste ebenfalls bestätigen, dass ihm das Werbeverbot mitgeteilt worden war. Der Text enthielt noch den Passus: „Auch wurde ich darauf hingewiesen, dass im Falle der Nichtbeachtung dieser Verordnung mit einem Verbot der Neuapostolischen Gemeinde e. V. und mit der Auflösung ihrer Einrichtungen wegen Gefährdung der öffentlichen Ordnung zu rechnen ist."[116]

Doch neben dem erlassenen Werbeverbot bestand immer wieder die Sorge vor einem Verbot der Kirche. Denn auch in Württemberg gab es gewichtige Stimmen für ein Verbot. Gefährlich war die Eingabe des Hedelfinger Stadtpfarrers Dr. Immanuel Schairer (1885–1963).[117] Der in Pfeffingen geborene Schairer entstammte einer alten württembergischen Pfarrersfamilie. Er hatte an der Universität Tübingen ein glänzendes Examen abgelegt und sympathisierte mit einer pietistischen Erweckungstheologie. Noch vor der Machtergreifung vertrat er völkische Positionen, wobei es ihm darum ging, „Blut" und nordische „Rasse" rein zu halten. Seine politische Haltung entsprach der „völkisch geprägten deutsch-christlichen Bewegung".[118] So wurde er Herausgeber und Chefredakteur des seit Juli 1933 erscheinenden „Deutschen Sonntags". Der Lebensweg von Schairer entbehrt dabei nicht einer gewissen Tragik. Ihm wurde die Denunziation eines Kollegen wegen „angeblich staatsgefährlicher Äußerungen" beim Ortsgruppenleiter vorgeworfen, zudem die Vernachlässigung seiner Gemeinde.[119] Als er dann ganz im Sinne der Deutschen Christen das Alte

---

116 Kreisarchiv (KA) Göppingen, C 3 228, o. fol., Eröffnungsbescheinigung gegenüber Ernst D., 22.06.1933. Die hier dargelegten Eröffnungsbescheinigungen haben nur Beispielcharakter, denn diese Eröffnungen wurden in Württemberg flächendeckend durchgeführt.

117 Die Angaben sind im Wesentlichen entnommen: Lächele, Rainer: Immanuel Schairer (1885–1963). In: Lächele, Rainer; Thierfelder, Jörg (Hg.): Wir konnten uns nicht entziehen. 30 Porträts zu Kirche und Nationalsozialismus in Württemberg. Stuttgart 1998, S. 175–187. Weitere Informationen in: Lächele, Rainer: Ein Volk, ein Reich, ein Glaube. Die „Deutschen Christen" in Württemberg 1925–1960. Stuttgart 1994, insbesondere S. 40–42 sowie S. 47–48.

118 Ebd. S. 182.

119 Über Schairer liegen umfangreiche Spruchkammerakten vor: StAL EL 902/20 Bü 13882, Spruchkammerakten Dr. Immanuel Berthold Schairer, hier Protokoll v. 20./21.11.1947.

Testament mit dem Pamphlet „Das Gottesgespenst des Alten Bundes"[120] verunglimpfte, führte das zur Beurlaubung und im Oktober 1938 zu seiner Pensionierung. Jedenfalls wurde Schairer nach dem Krieg im Spruchkammerverfahren als „Hauptschuldiger" eingestuft. Eine Rehabilitation als Pfarrer blieb ihm verwehrt.

Schairer hatte sich schon im März 1933 an das Kultministerium Württemberg gewandt. Dies geht aus einem Vermerk des Evangelischen Oberkirchenrates vom 29. März 1933 hervor. Dort hatte sich Ministerialdirektor Dr. Robert Meyding (1876–1950) telefonisch gemeldet und mitgeteilt, dass „Dr. Schairer beim Polizeikommissar den Antrag gestellt habe, die Neuapostolische Religionsgemeinschaft und die Ernsten Bibelforscher für das ganze Land zu verbieten." Dieser Antrag sei dem Kultministerium vorgelegt worden, das wiederum um eine Stellungnahme des Oberkirchenrates bat. In diesem Zusammenhang wäre es für das Kultministerium auch wichtig, zu wissen, „ob die Neuapostolischen in Verbindung stehen mit einem Verband des englischen Sprachgebietes". Es war wohl der Landesbischof selbst, der in einem handschriftlichen Vermerk darlegte, dass er vom „kirchlichem Standpunkt" aus ein Verbot „von Sekten nicht wünschenswert" hielt, „weil es der Sache abträglich ist", da ein solches Verbot in der „Verantwortung" der Kirche wäre, auch wenn es bei den „Neu-Apostolischen" „kommunistische Elemente" gäbe. Diesem Standpunkt schloss sich auch das damalige Kultministerium an.[121]

Das Dekanatamt Münsingen stellte am 19. September 1933 eine Anfrage an den Oberkirchenrat, wie man sich verhalten solle, da die „Ernsten Bibelforscher und die Neuapostolischen" „Gottesdienstanzeigen" im „Albboten" und in der „Rundschau von der Alb" schalteten. Dekan Philipp Eugen Seitz (1870–1950) neigte zu der Einschätzung, dass eine solche Anzeige „nicht als Werbetätigkeit außerhalb des Kreises der Mitglieder zu betrachten ist." Daher habe er die Anzeigen der „Neuapostolischen" in den betreffenden Blättern bislang nicht beanstandet. Auch seien die hiesigen Polizeibehörden dagegen bisher nicht eingeschritten.[122]

---

120 Schairer, I[mmanuel] B[erthold]: Das Gottesgespenst des alten Bundes. Stuttgart o. J. [1934].
121 LKAS, Evangelischer Oberkirchenrat, Nr. A 126, 1240, fol. 69.
122 Ebd., fol. 78.

In einem Randvermerk des Oberkirchenrates wurde festgehalten, dass auf „Einwirkung der Politischen Polizei und auf Verlangen der Landesleitung der Deutschen Christen im N. S. Kurier seit mehreren Wochen schon die Gottesdienstanzeigen der Neuapostolischen nicht mehr aufgenommen" werden.

Welche Auswirkungen hatte das Werbeverbot vom 14. Juni 1933 nun für die Mitgliederentwicklung in Württemberg? Tatsächlich fand das Werbeverbot neben den aus Furcht vor weiteren staatlichen Restriktionen angeordneten kircheninternen Maßnahmen einen Niederschlag auf der Mikroebene von Gemeinden. Auch der Evangelische Oberkirchenrat bemerkte, dass 1933 „nicht wenige Anträge um Wiederaufnahme in die Landeskirche, oft wegen Enttäuschung" eingingen. Es wurde festgehalten, dass „wohl auch berufliche Gründe (Eintritt ins Heer) für den Wiedereintritt in die Landeskirche eine Rolle" spielten.[123]

Das Werbeverbot schlägt sich ebenso in einzelnen überlieferten Dienstheften neuapostolischer Gemeinden nieder. In diesen Dienstbüchern wurden die Gottesdienste festgehalten. Dazu gehörte, wann ein Gottesdienst stattgefunden hatte, wer einen solchen geleitet hatte, welches Bibelwort der Predigt zugrunde lag, welche Lieder gesungen wurden. Und nicht selten wurde dabei auch vermerkt, wieviel Besucher zugegen waren und ob es interessierte Nichtmitglieder waren. So sind in den „Dienstnotizen für die neuapostolische Gemeinde Neckarsulm"[124] auch die nichtneuapostolischen Besucher der Gottesdienste aufgelistet. Die Dienstnotizen dokumentieren, dass im Jahre 1932 sowie 1933 bis Ende April in jedem Gottesdienst in der Regel zwischen einem und sieben „Gäste"[125] anwesend waren. Im April 1933 waren in den Gottesdiensten durchschnittlich vier Nichtmitglieder anwesend. Bereits ab Mai 1933, noch vor dem Werbeverbot, waren nur noch in etwa jedem zweiten Gottesdienst ein bis maximal zwei Besucher zugegen. Nach dem Werbeverbot gab es noch sechs Gottesdienste mit Gästen, der letzte Gottesdienst mit Gästen fand am 3. August 1933 statt. Danach

---

123 LKAS, Evangelischer Oberkirchenrat, Nr. A 126, 1243, 1924–1953, S. 20.

124 Archiv der Neuapostolischen Gemeinde Neckarsulm, Dienstnotizen, 22.10.1931–06.10.1948.

125 In den Dienstnotizen werden sie als „Fremde" bezeichnet.

kamen, jedenfalls nach Ausweis des Dienstheftes, keine Gäste mehr in die Gottesdienste.

Das Werbeverbot hatte auch eine Folgewirkung auf der statistischen Mikroebene einzelner Gemeinden. Das lässt sich anhand der Kirchenbücher vieler Gemeinden nachweisen. Diese Kirchenbücher waren im Gegensatz zu den bis vor kurzem nicht zugänglichen Kirchenstatistiken der Apostelbezirke verfügbar und boten die Möglichkeit einer entsprechenden statistischen Auswertung. Beispielhaft wurden hier drei Gemeinden des Bezirks Reutlingen sowie die Hauptgemeinde des Apostelbezirks Heilbronn, die Gemeinde Heilbronn-Pfühl statistisch ausgewertet. Auswahlkriterium für die Gemeinden des Bezirks Reutlingen war das Kriterium, dass die Gemeinden schon seit den frühen zwanziger Jahren bestanden, denn die statistische Einbettung vor und nach der NS-Zeit ist erforderlich, um Entwicklungsprozesse identifizieren zu können. Die Gemeinde Heilbronn-Pfühl wurde ausgewählt, weil es sich um die zentrale Gemeinde des Apostelbezirks Heilbronn handelte. Allerdings können diese vier Beispiele nicht im Sinne eines repräsentativen Datenmusters stehen. Dafür ist die Datenbasis zu schmal und die Diversität zu breit. Gleichwohl vermitteln die Beispiele eine Annäherung an die Mikroebene ausgewählter Gemeinden im Sinne des pars pro toto. Erfasst wurden alle Versiegelungen[126] in einem definierten Zeitraum, wobei zwischen Versiegelungen von Kindern und Erwachsenen unterschieden wurde.

---

126 Als „Eintritt" in die Neuapostolische Kirche.

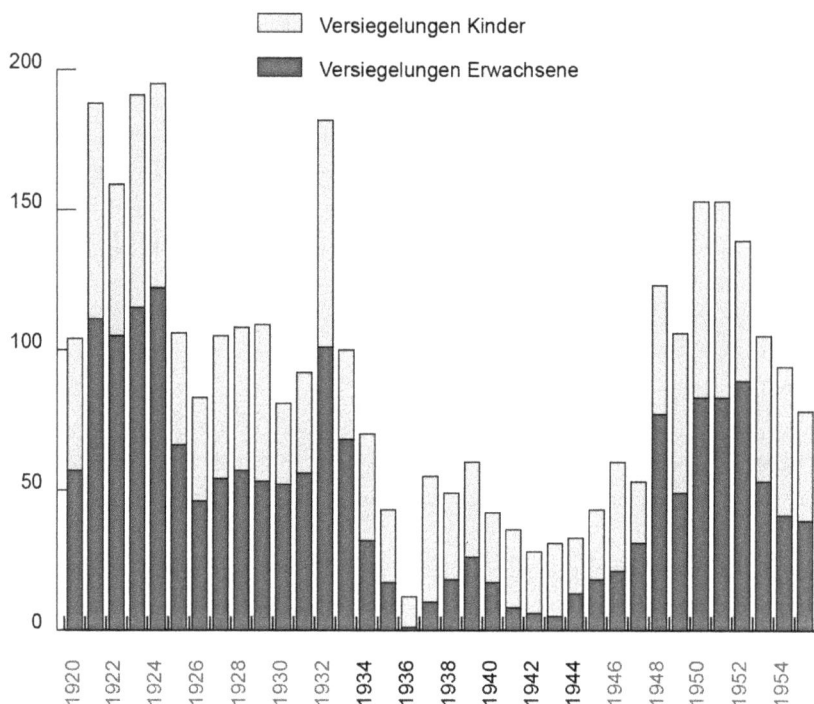

Versiegelungen von Erwachsenen bedeuten exogenes Wachstum durch Eintritt in die Kirche. Allerdings können auch Kinder und Jugendliche exogenes Wachstum repräsentieren, wenn sie mit ihren Eltern in die Kirche eingetreten sind. Dennoch sind bei dieser Statistik insbesondere die Zahlen für die Eintritte (Versiegelungen) von Erwachsenen von Interesse, denn sie sind der hauptsächliche Gradmesser für das Wachstum der Kirche von außen. Dabei wurden Jugendliche ab dem vollendeten Alter von 15 Jahren als Erwachsene gezählt, da sie in der Regel konfirmiert waren.

Statistisch ausgewertet wurden die folgenden Gemeinden: Eningen,[127] Pfullingen und Undingen[128] im heutigen Bezirk Reutlingen im Landkreis Reutlingen sowie die Gemeinde Heilbronn-Pfühl, die bis 1948 Mittelpunktsgemeinde des Apostelbezirks war. Allein für Heilbronn-Pfühl wurden 4.671 Einträge der Kirchenbücher ausgewertet.[129] Das Ergebnis der Auswertung ergab, dass sich in allen vier Fallbeispielen ein weitgehend kongruentes Ergebnis mit den zu erwartenden lokalen Abweichungen ergibt. Eindeutig ist das ab 1934 auffallend nachlassende exogene Wachstum, wobei sich dieser Befund insbesondere in Heilbronn-Pfühl eher retardiert zeigt und erst 1935 umfänglich zum Tragen kommt. In Undingen hingegen fand zwischen 1934 und 1941 kein einziger Kircheneintritt mehr statt. Hier zeigen sich erhebliche Disparitäten zur Zeit vor und nach den Jahren der NS-Diktatur. Der statistische Befund auf der Mikroebene der Gemeinden bestätigt damit die makrostatistischen Erhebungen. Diese Erhebungen schließen jedoch nicht aus, dass in einzelnen Gemeinden auch Mitte der dreißiger Jahre noch ein Wachstum von Relevanz auch von außen stattfand.[130] Zudem ist davon auszugehen, dass ein nicht geringer Prozentsatz von Eintritten in die Neuapostolische Kirche insbesondere in dieser Zeit durch Einheiraten in neuapostolische Familien erfolgte. Solche Fälle bedeuteten keinen Verstoß gegen das Werbeverbot und wurden somit nicht sanktioniert.

---

127 Eningen unter Achalm.

128 Heute Gemeinde Sonnenbühl.

129 Für die statistischen Auswertungen von Heilbronn-Pfühl und Eningen bin ich Herrn Dipl.-Ing. Ulrich Hailfinger zu großem Dank verpflichtet. Herangezogen wurden für Heilbronn-Pfühl folgende Daten: Daten lt. Kirchenbuch Nr. 1, lfd. Nr. 1 bis 1510, Daten lt. Kirchenbuch Nr. 2, lfd. Nr. 1511 bis 3477, Daten lt. Kirchenbuch Nr. 3, lfd. Nr. 1 bis 591, Daten lt. Kirchenbuch Nr. 4, lfd. Nr. 592 bis 1194. Bei Eningen war es das Kirchenbuch Nr. 1. Lfd. Nr. 1–230 und das Kirchenbuch Nr. 2, lfd. Nr. 1–317, insgesamt 547 Einträge. Von Pfullingen wurden die Nummern des Kirchenbuches 1 bis 500 ausgewertet, von Undingen Kirchenbücher 1 und 2, lfd. Nr. 1–296.

130 Siehe unten in Bezug auf die Gemeinde Vöhringen.

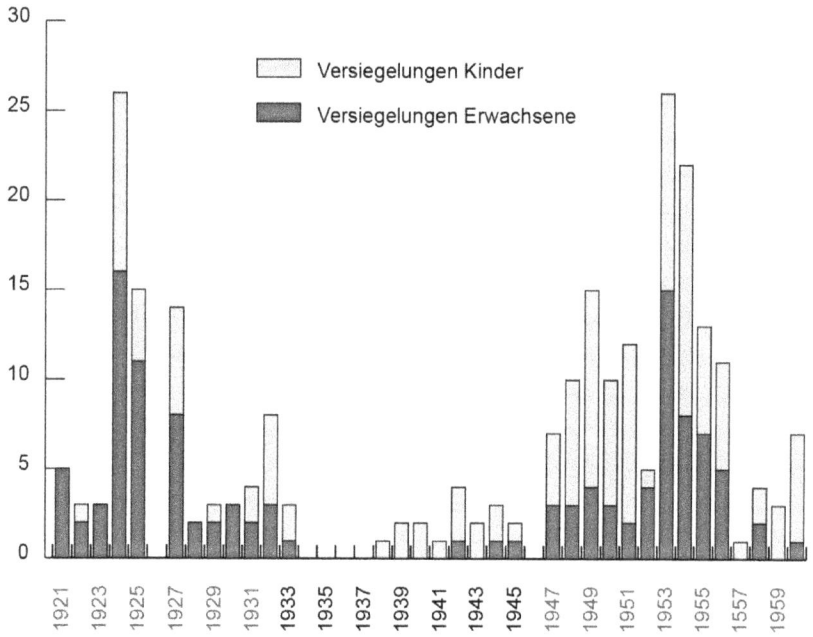

Abb. 16: *Die Gemeinde Undingen (heute Sonnenbühl), Landkreis Reutlingen: Versiegelungen von Erwachsenen und Kindern, 1921–1960. Archiv der neuapostolischen Gemeinde Sonnenbühl, Kirchenbücher der Gemeinde Undingen.*

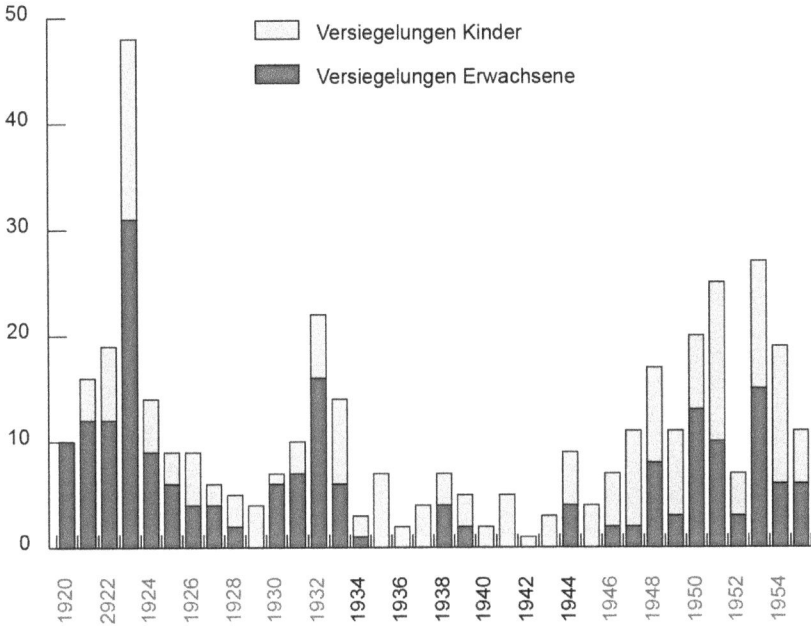

Abb. 17: *Die Gemeinde Eningen unter Achalm, Landkreis Reutlingen: Versiegelungen von Erwachsenen und Kindern, 1920–1955. Archiv der neuapostolischen Gemeinde Eningen, Kirchenbücher.*

Tatsächliche oder vermutete Verstöße gegen das Werbeverbot konnten zu amtlichen Vorladungen und Verhören führen. Allerdings bot die Verordnung Interpretationsspielraum. Es war zwar verboten, neue Mitglieder zu werben. Aber bezog sich die Bestimmung auch darauf, wenn Personen aus eigenem Antrieb in die Kirche kamen oder wenn sie sich aufgrund von Gesprächen im Familien- und Bekanntenkreis für die Neuapostolische Kirche entschieden? Dass offensichtlich Handlungsspielräume bestanden, zeigt sich an den unterschiedlichen Vorgehensweisen der Behörden.

Abb. 18: Die Gemeinde Pfullingen, Landkreis Reutlingen: Versiegelungen von Erwachsenen und Kindern, 1919–1955. Archiv der neuapostolischen Gemeinde Pfullingen, Kirchenbücher.

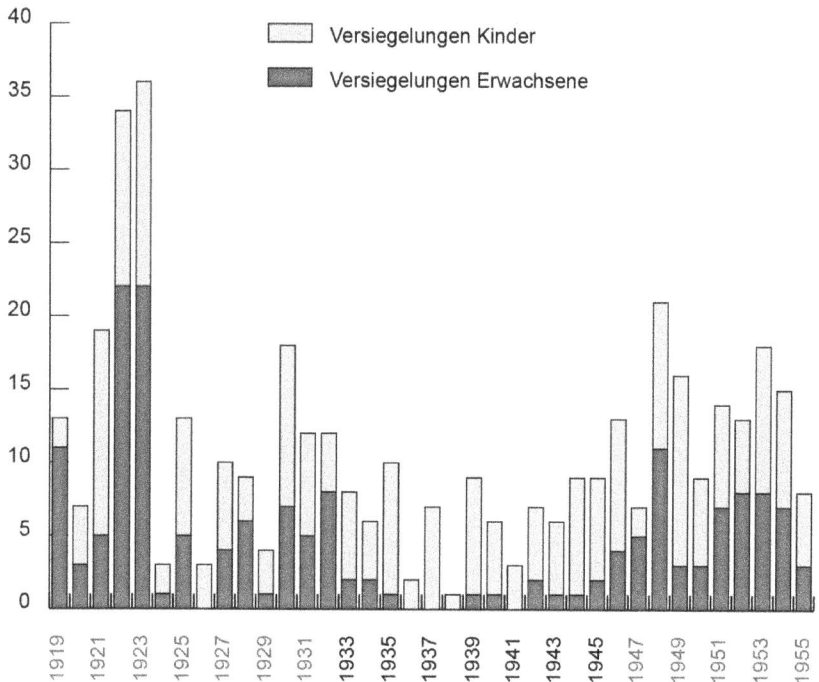

Als das Bürgermeisteramt in Altensteig im Oberamt Nagold[131] 1935 davon Kenntnis erhalten hatte, dass zu der „neuapostolischen Sekte" weitere Mitglieder hinzugekommen seien, ordnete der Bürgermeister am 12. November 1935 an, feststellen zu lassen, wer Mitglied dieser Gemeinschaft war.[132] Schon einen Tag danach listete der zuständige Polizeioberwachtmeister die Mitglieder dieser Gemeinschaft auf und bat um weitere Weisung. Doch am 23. Dezember 1935 wurde der Vorgang „ohne weitere Verfügung" zu den

---

131 Heute Landkreis Calw.

132 StAS, Oberamt Nagold, Wü 65/21 T 3 498, o. fol., Anweisung des Bürgermeisteramts Altensteig, festzustellen, ob sich die Tätigkeit der „Sekte" im Rahmen des Erlasses vom 14.06.1933 bewegt und Feststellung der Mitglieder, 12. und 13.11.1935.

Akten gelegt, „da von einer Werbung der neuapostolischen Sekte [...] sonst nichts bekannt geworden [ist]." In der Zwischenzeit hatte der Polizeioberwachtmeister weitere Erkundigungen eingeholt und am 5. Dezember eine Aussage von Frau Luise B. geb. Sch. protokolliert. Diese hatte angegeben, dass sie im Frühjahr und Sommer 1933 noch von einer Frau L. öfters in die Neuapostolischen Kirche eingeladen worden sei. Allerdings könne sie sich nicht mehr erinnern, ob dies vor oder noch nach dem Werbeverbot erfolgt sei. Sie wisse aber sicher, dass die Frau Friedrich B. zum Gottesdienst nach Freudenstadt noch im Herbst 1933 mitgegangen sei. Außerdem sei die ganze Familie Karl K., die noch im Frühjahr der Methodistengemeinde angehörte, jetzt mit ihrem Kind neuapostolisch geworden, nachdem sie von Mitgliedern dieser „Sekte" „bearbeitet" und „gewonnen" worden waren.[133]

Die Aussagen von Luise B. führten am 18. Dezember 1935 zu einer Vorladung des Diakons der Neuapostolischen Kirche, Friedrich Ö., auf das Bürgermeisteramt Altensteig. Konfrontiert mit dem Vorwurf der Werbetätigkeit, rechtfertigte sich der Fräser Friedrich Ö. Das Werbeverbot habe er am 28. Juni 1933 in der hiesigen Tageszeitung „Aus den Tannen" gelesen. Außerdem sei er „von unserem Stammapostel Bischoff auf das Werbeverbot aufmerksam gemacht worden". Dieses Verbot hätten sie auch eingehalten. Dass die Familie K. in die Kirche aufgenommen wurde, sei keineswegs Folge einer Werbung. Vielmehr seien Frau Gustav R. und Frau K. Schwestern, die sich daher auch immer über kirchliche Fragen unterhalten hätten. Das allein hätte zum Eintritt in die Neuapostolische Kirche geführt. Denn die Mitglieder der Kirche seien verpflichtet, „das einzuhalten, was angeordnet ist." Die von Friedrich Ö. unterzeichnete Aussage wurde schließlich noch dem Oberamt Nagold zur Kenntnis gegeben. Offensichtlich gab es keine weiteren Hinweise auf eine Werbetätigkeit, weshalb es zur Einstellung der Ermittlungen kam.[134]

An der Einhaltung des Werbeverbots hatte auch die Evangelische Landeskirche Interesse, da sie viele Mitglieder durch die Übertritte in die Neuapostolische Kirche verloren hatte. Am 5. September 1933 wies Theophil Wurm (1868–1953, Landesbischof von 1929–1948) die Dekanatsämter

---

133 StAS, Oberamt Nagold, Wü 65/21 T 3 498, o. fol., Polizeilicher Bericht von Polizeioberwachtmeister Sättele, 05.12.1935

134 Ebd., Vernehmungsprotokoll Bürgermeisteramt Altensteig-Stadt, 18.12.1935.

an, bis zum 1. Oktober 1933 „Bericht zu erstatten, wie sich das staatliche Eingreifen in den Gemeinden bisher ausgewirkt hat, ob die Werbetätigkeit und die Anziehungskraft der beiden Sekten[135] dadurch wesentlich beeinträchtigt wurde und ob Versuche gemacht wurden, das staatliche Verbot zu umgehen."[136] Der Pfarrer von Truchtelfingen antwortete am 27. September 1933: „Werbetätigkeit von Sekten habe ich im Gegensatz zu früher nicht zu berichten." Das Evangelische Pfarramt von Pfeffingen berichtete ebenfalls: „In einer Aussprache mit dem Kirchengemeinderat wurde festgestellt, dass die Neuapostolischen in letzter Zeit keine auffallende Werbetätigkeit veranstaltet haben, dass es überhaupt in dieser Hinsicht in letzter Zeit wesentlich ruhiger in der Gemeinde geworden ist."[137] Das Dekanatsamt Balingen stellte ebenfalls eine wesentliche Einschränkung der Werbung fest. Allerdings würde die Gemeinde Tailfingen eine Ausnahme bilden. Dort hätten in diesem Jahr schon acht Erwachsene und ein Kind ihren Übertritt zur Neuapostolischen Kirche und 15 Erwachsene und zwei Kinder zu den Ernsten Bibelforschern angemeldet.[138]

Ein weiteres Beispiel: Am 28. Juli 2014 wurde mit einem Festakt der Bezug des neuen Kirchengebäudes der Neuapostolischen Gemeinde in Vöhringen gefeiert.[139] In der Festschrift zum Neubau der Kirche findet sich u. a.

---

135 Gemeint sind die „Ernsten Bibelforscher und Neuapostolische" wie es im Betreff heißt.
136 Landeskirchliches Archiv Stuttgart (LKAS), F Dekanatsarchive, A 1120, o. fol. Dekanatamt Balingen, Bitte um Bericht, wie sich das staatliche Werbeverbot ausgewirkt hat, 05.09.1933. Dies vermindert die Verdienste von Landesbischof Wurm nicht, denn die Evangelische Landeskirche in Württemberg blieb neben der Evangelisch-Lutherischen Kirche in Bayern (rechts des Rheins), den beiden Landeskirchen in Hannover (die Evangelisch-Lutherische Landeskirche Hannovers und die Evangelisch-reformierte Landeskirche der Provinz Hannover) sowie der altpreußischen Kirchenprovinz Westfalen eine sog. „intakte" Kirche, in denen die „Deutschen Christen" keine Mehrheit bekommen hatten. Theophil Wurm war es auch, der 1940 mutig gegen das Euthanasieprogramm und 1943 öffentlich gegen die Judenverfolgung eintrat.
137 Ebd., Bericht des Evangelischen Pfarramts Pfeffingen an das Dekanatamt Balingen, 18.09.1933.
138 Ebd., Bericht des Evangelischen Dekanatamts Balingen an den Evangelischen Oberkirchenrat Stuttgart, 28.09.1933.
139 http://cms.nak-dornhan.de/rueckblick/ereignisseberichte/kirchenbezirk/berichte-de-sued-fr-do/2014/2014-06-28-festakt-in-voehringen/ (12.05.2016).

ein Grußwort des evangelischen Pfarrers Gottfried Kircher. Darin betrachtet er die Möglichkeit eines Grußworts „als ein Zeichen christlicher Freundschaft und der Verbundenheit in Jesus Christus, unserem gemeinsamen Herrn." Zugleich sieht er einen „Weg der Öffnung zueinander". Schließlich wünschte der Pfarrer, dass dieses Haus „mit Leben" gefüllt werde und „Gott seinen Segen darauf legt".[140] Seine Ausführungen sind Zeichen der Versöhnung und des christlichen Miteinanders, die rund achtzig Jahre zuvor kaum denkbar schienen.

In Vöhringen im damaligen Oberamt Sulz konvertierten noch Mitte der dreißiger Jahre einige Personen in die Neuapostolische Kirche. Schon im Pfarrbericht der evangelischen Pfarrei Vöhringen von 1932 wurde auf die sich abzeichnende „Gefahr" aus Sicht der Evangelischen Landeskirche aufmerksam gemacht: „Seit Herbst 1932 kam nun aber eine ungewöhnliche Unruhe und ein Riß in die Gemeinde durch einen wuchtigen Einbruch der Neuapostolischen. Schon jahrelang wird die Gemeinde Haus für Haus bes[onders] Sonntag nachmittags von Sektierern aus der Nachbarschaft bestürmt. Unter diesen – Neuapostolischen, Bibelforschern (Zeugen Jehovas), Sabbatisten – sind wie allgemein die Neuapostolischen die Aufdringlichsten und Beharrlichsten."[141] Weiter vermerkt der Bericht: „Jeden Sonntag gehen Scharen von hier in das benachbarte Bergfelden, oder auch fahren sie schon vormittags nach Dornhan im Omnibus. Anfang Januar ließen sich etwa 10 in Bergfelden versi[e]geln, Austrittserklärungen sind aber nicht erfolgt."[142]

In einem Schreiben vom 23. Februar 1933 wandte sich Pfarrer Otto Gerok an den Oberkirchenrat. Er zeigte sich sehr besorgt über den „Einbruch der gefährlichsten aller Sekten" in der bis dahin „geschlossenen kirchlichen Gemeinde". Natürlich, so Gerok, habe er alle nötigen Gegenmaßnahmen ergriffen. Doch Hausbesuche, Flugblattverteilung, „Warnungen von der Kanzel" seien unzulänglich gewesen. So habe er sich zu einer Bibelsprechstunde entschlossen. Dies sei mit Erfolgen verbunden gewesen, weshalb er zu dem Schluss kam, „daß trotz aller Wucht der apost[olischen] Sache ihr Anprall

---

140 http://cms.nak-dornhan.de/fileadmin/gk/sued/ab/freiburg/dornhan/
Rueckblicke/2014/2014-06-28_Voehringen/Festschrift_web.pdf
(12.05.2016).
141 LKAS, Evangelischer Oberkirchenrat, A 129, S. 6, 7.
142 Unterstreichung wie im Original.

insofern aufgefangen ist, daß nur noch Leute wie Kommunisten u[nd] sittlich Minderwertige davon angezogen werden."[143] Besondere Sorge bereitete ihm, dass die „Apostolisch Gewordenen, auch die Versi[e]gelten" nicht aus der Evangelischen Kirche austreten. Er fürchtete, dass sie „spionieren" und so „sauerteigartig" wirken würden.[144] Ebenso sah er Probleme bei Todesfällen, da unklar sei, wer jetzt die Beerdigung durchführen würde.

Am 9. Juli 1936 verfasste der inzwischen die Pfarrei betreuende Pfarrverweser Schneeweiß eine Eingabe an das Innenministerium Württemberg mit folgendem Wortlaut: „400 Evangelische Männer und Frauen [sind] in der Petruskirche zu Vöhringen bei Sulz a. N.[145] versammelt [...], bitten nachdrücklich, den Bau eines Andachtssaales der Neuapostolischen Sekte, durch den die Dorfgemeinschaft des bisher geschlossen Evangelisch-Kirchlichen Dorfes schwer zerspalten wird, wehren zu wollen." Mit dem Schlusssatz „Der Bau eines eigenen Andachtssaales der bisher in einem Fabriksaal in Bergfelden[146] versammelten Neuapostolischen bedeutet eine neue Werbemöglichkeit dieser Sekte" verwies die Eingabe auf das am 14. Juni 1933 erlassene Werbeverbot.[147] In einem Vermerk des Innenministeriums wurde zwar darauf hingewiesen, dass im „Falle der Errichtung einer Neuapostolischen Kirche in Eßlingen [...] ein indirekter Verstoß gegen das Werbeverbot" darin gesehen wurde, dass „der Kirche ein besonders hervorragender Platz und eine besondere Ausgestaltung gegeben werden sollte". Doch dies sei in Vöhringen nicht der Fall. So kam das Ministerium zu dem Schluss, dass die „Errichtung eines Andachtssaales" in diesem Fall „nicht zu der verbotenen Werbung im Sinne der Verordnung des Innenministeriums vom 14. Juni 1933" gehören würde.[148]

Doch schon der Dekan des Dekanatamtes Sulz, Dr. Hermann Findeisen,[149] hatte sich in einem Vermerk an den Evangelischen Oberkirchenrat

---

143 LKAS, Evangelischer Oberkirchenrat, A 126, 1240, fol. 68.

144 LKAS, Evangelischer Oberkirchenrat, A 129, S 6 f.

145 Sulz am Neckar, heute Landkreis Rottweil.

146 Fabriksaal der Strickerei Stocker.

147 Hauptstaatsarchiv Stuttgart (HStAS), E 151/02 Bü 853, o. fol., Schreiben von Pfarrverweser Schneeweiß, Vöhringen an das Württembergische Innenministerium, 09.07.1936.

148 Ebd., o. fol., Vermerk des Württembergischen Innenministeriums vom 29.07. 1936.

149 Dekan von 1926 bis 1936.

vom 2. Juli 1936 dahingehend geäußert, dass „auf den vom Pfarramt angegebenen Wegen nichts zu erreichen sein dürfte", denn die Kirche wird „dem Staat nicht vorschreiben können, was er unter der verbotenen 'Werbung' versteht."[150] Er hatte seinem Vermerk den Bericht des Pfarramtes Vöhringen vom 1. Juli 1936 beigelegt. Darin ist zu lesen, dass von Seiten der Neuapostolischen Kirche der Bau eines Andachtssaales geplant sei. Dies habe Bürgermeister Kopp mitgeteilt. Ursprünglich sei der hierfür vorgesehene Platz für ein Wohnhaus gekauft worden. Hinter diesem Wohnhaus solle jedoch auch der Andachtssaal errichtet werden. Außerdem sei der Gemeinderat so „zusammengesetzt, dass eine deutliche Stellungnahme gegen diesen Bau von ihm kaum zu erwarten sein wird". Zwar sei der Kirchengemeinderat Johannes B., der auch im Gemeinderat sitzt, beauftragt, diese Angelegenheit zur Sprache zu bringen. Doch dieser habe als Parteimitglied und Methodist auf „allerlei andere Dinge Rücksicht zu nehmen". Und Bürgermeister Kopp betonte, dass er „Bürgermeister des ganzen Ortes" sei, obwohl er persönlich gegen den Bau der Kirche sei. Jedenfalls stand damit dem Bau der Neuapostolischen Kirche nichts mehr im Wege.

Welche Aussagen sind nun in der „Chronik der Neuapostolischen Gemeinde Vöhringen" zu diesem Vorgang zu finden?[151] Hier ist tatsächlich zu lesen, dass der Bau der Kirche „auf großen Widerstand in der Vöhringer Bevölkerung gestoßen" war.[152] Auch sei eine Frau vom Ortspfarrer beauftragt worden, Unterschriften gegen das Vorhaben zu sammeln. Diese Frau sei einige Jahre danach mit ihrer ganzen Familie selbst neuapostolisch geworden.[153] Nach der am 29. Juli 1936 vom Bürgermeisteramt erteilten Baugenehmigung „wurde unter tatkräftiger Mithilfe der Geschwister mit den Bauarbeiten für die Kirche begonnen", die schon am 1. November 1936 und damit drei Monate (!) nach der Genehmigung

---

150 LKAS, Evangelischer Oberkirchenrat, A 126, Nr. 1240, Schreiben des Evangelischen Pfarramts Vöhringen an den Evangelischen Oberkirchenrat, 01.07.1936 mit Vermerk von Dekan Hermann Findeisen, 02.07.1936, fol. 89.
151 Chronik der Neuapostolischen Gemeinde Vöhringen. Vöhringen 1987. Verfasser war der damalige Gemeindevorsteher Werner Gühring. Ihm ist der Autor für die Überlassung der Chronik zu Dank verpflichtet.
152 Ebd., S. 28.
153 Ebd., S. 109. Weitere Angaben zu der betreffenden Person und ihrem (möglichen) Übertritt in die Neuapostolische Kirche sind nicht enthalten.

eingeweiht wurde.[154] Den Platz für die Kirche hatte Ernst Sikeler[155] mit privaten Mitteln gekauft.

Noch im Pfarrbericht von 1949 wurde auf den „Einbruch der Neuapostolischen im Jahre 1932/33" Bezug genommen, denn nach dem Zweiten Weltkrieg warb die Kirche erneut um Mitglieder. Im Bericht wurde ihnen „eine erstaunliche Stosskraft" und „Expansionskraft" bescheinigt. Außerdem verfüge sie über eine „fanatische und aktive Jugend".[156] Auf der Suche nach den Ursachen für den Erfolg der Neuapostolischen Kirche wurde betont, dass es „die absolute Sicherheit" sei, mit der ihre Mitglieder ihren Glauben verträten. Auch verfüge sie über einen „wirkungskräftigen Singchor". Allerdings lebe dieser „vom billigsten Abfall aus den seichten Zeiten Evangelischer Kirchenmusik".[157] Doch habe er etwas „Gewalttätiges und Fanatische[es]" und übe somit „auf naive Gemüter zweifellos eine Wirkung" aus. Im Pfarrbericht von 1949 wurde der Hoffnung Ausdruck verliehen, dass der Zuwachs nachlässt, denn es würden nur noch Leute „mit Vergangenheit", die einmal „fanatische Parteileute" waren und nach dem Zusammenbruch „heimatlos geworden waren" hinzukommen. Das war wiederum eine Einschätzung, die nur schwer mit der im Jahre 1932 geäußerten Meinung kompatibel ist, als Pfarrer Gerok bemerkte, dass es vor allem Kommunisten waren, die in die Neuapostolische Kirche eintreten würden.[158]

---

154 Ebd., S. 28.
155 Der spätere neuapostolische Bischof in diesem Raum.
156 LKAS, A 129, Pfarrbericht Vöhringen, 1949, S. 10 f. Dieser Bericht enthält auch statistische Angaben über die Übertritte von der Evangelischen zur Neuapostolischen Kirche. Allein von Oktober 1933 bis November 1934 seien 51 Gemeindemitglieder ausgetreten. Danach sind folgende Angaben aufgeführt: 1935: 22; 1936: 4; 1937: 3; 1938: 1; 1939: 3; 1940: 3; 1941: 0; 1942: 0; 1943: 0; 1944: 3; 1945: 4; 1946: 0; 1947: 0; 1948: 2. Eine Fortführung enthält die Visitation von 1954, LKAS, A 129, S. 20 f.: 1949: 12; 1950: 0; 1951: 0; 1952: 1; 1953: 7.
157 Offensichtlich kommt der Bericht zu dieser Einschätzung, da es sich um reine Laienchöre mit Dirigenten ohne kirchenmusikalische Ausbildung handelte.
158 LKAS, A 129, Pfarrbericht 1932, S 6: „Es sind unter den Männern meist bisherige Kommunisten und sonst schwierige Leute mit ihren Angehörigen [...]". Auf S. 7 wurde angeführt: „Bezeichnend ist, daß der frühere Führer der Kommunisten (jetzt neuapostolisch) dem V[er]f[asser] erklärte, daß er als Kommunist nicht, wie manche meinen, Gegner der Kirche sei".

V. Erfassung und Überwachung

Die Kenntnisse der NS-Behörden über die Verbreitung der Neuapostolischen Kirche, die Anzahl ihrer Mitglieder und der Gemeinden speisten sich aus zwei Quellen: Einerseits waren es Ergebnisse anhand von örtlichen, regionalen oder reichsweiten Erfassungs- und Überwachungsmaßnahmen durch die Politische Polizei bzw. die Gestapo, die direkt oder in deren Auftrag durchgeführt wurden. Andererseits musste die Kirche selbst Adressbücher zur Verfügung stellen und Mitgliederanzahlen weisungsgemäß mitteilen. Konsequente Überwachungsmaßnahmen setzten eine umfassende Erfassung der Organisationsstrukturen bis zur Gemeindeebene und der Anzahl und Verbreitung der Mitglieder voraus. In einem besonderen Fokus standen dabei die leitenden Persönlichkeiten der Kirche, insbesondere der Apostelbezirke und der einzelnen Bezirke.[159]

Wie aber wurden die Erfassungs- und Überwachungsmaßnahmen durchgeführt? Um hier einen tieferen Einblick zu gewinnen, wird zunächst noch einmal das räumliche Beispiel von Württemberg herangezogen. Dies unter der Fragestellung, welche Erkenntnisse die Politische Polizei bzw. die Gestapo bezüglich der Mitgliederentwicklung in der Neuapostolischen Kirche zur Verfügung hatte. In einem weiteren Schritt gilt es die gewonnenen Erkenntnisse zu kontextualisieren. Dadurch lassen sich mögliche Disparitäten im polykratischen NS-Staat identifizieren.

In Württemberg wurden alle Unterlagen am Kriegsende wie in den meisten Stapoleitstellen gemäß Weisung vernichtet.[160] Dennoch lassen sich zahlreiche Vorgänge durch den Schriftwechsel rekonstruieren, der untergeordnete Dienststellen in Form von Anweisungen erreichte. Es handelt sich um Korrespondenz mit verschiedenen Oberämtern, später Landkreisen, Polizeibehörden und den daraus resultierenden Überwachungsmaßnahmen bzw. Kontakten dieser Behörden mit Vertretern der Neuapostolischen Kirche.

---

159 R 58/5661, Erfassung von Sekten, Freikirchen und evangelischen Gemeinschaften, 1935; R 58/6427, Austritte aus der jüdischen Kultusgemeinschaft sowie u. a. Erfassung der im Reichsgebiet bestehenden Bezirke der Neuapostolischen Kirche und ihrer Leiter (Verzeichnis), 1936, 1926–1939.

160 Bauz, Ingrid; Brüggemann, Sigrid; Maier, Roland (Hg.): Die Geheime Staatspolizei in Württemberg und Hohenzollern. 2. durchges. Aufl. Stuttgart, 2013, S. 15.

Nicht mehr vorliegende Anweisungen spiegeln sich gleichwohl mitunter in Aktivitäten der Mitgliederüberwachung von Unterbehörden, die auf zentrale Anweisungen schließen lassen. Gerade für eine Bewertung von lokalen Vorgängen erweisen sich die Bestände auf der Ebene der Verwaltungsunterbehörden von Oberämtern bzw. Landkreisen als wertvoll. Ein hinlänglicher Teil dieser Akten ist überliefert und befindet sich entweder in Kreisarchiven, Stadtarchiven oder den Staatsarchiven (Staatsarchiv Ludwigsburg und Staatsarchiv Sigmaringen) des württembergischen Landesteils im heutigen Bundesland Baden-Württemberg.[161]

In Württemberg wurde die Politische Polizei am 8. März 1933 von den Nationalsozialisten übernommen. Schon am 9. Dezember 1933 ernannte Reichsstatthalter Wilhelm Murr (1888–1945) den Reichsführer-SS, Heinrich Himmler (1900–1945) zum Kommandeur der Württembergischen Politischen Polizei. Ab Januar 1934 wurde das Württembergische Landespolizeiamt etabliert. Und seit Oktober 1936 erhielt es den Namen „Geheime Staatspolizei-Stapoleitstelle Stuttgart". Sitz war das renommierte, im Stil der Neo-Renaissance erbaute ehemalige „Hotel Silber" in der Dorotheenstraße.[162] Zügig nach der Machtergreifung wurden in der Politischen Polizei spezifische Abteilungen für Kirchenangelegenheiten sowie „Sekten" und Freimaurer installiert. Bis zur Mitte des Jahres 1936 war hierfür die Abteilung 4 des Württembergischen Politischen Landespolizeiamts mit den Sachgebieten „Kirchenangelegenheiten und Pazifisten" sowie „Juden und Freimaurer" zuständig. Nach der Zentralisierung 1936 wurden die Abteilung „Weltanschauliche Gegner" und das Sachgebiet „Politische Kirchen, Sekten, Freimaurer, Geheimlehren" in der Abteilung II B 1 zusammengefasst. Diese Abteilung wurde am 1. April 1944 in IV 4 a umfirmiert.[163] Die Zuständigkeit für die Neuapostolische Kirche lag damit bei der Abteilung II B 1, ab 1944 umbenannt in IV 4 a.

---

161 Einige dieser Aktenbestände sind durch Kriegseinwirkungen vernichtet worden, so etwa jene des Landkreises von Freudenstadt oder des Landkreises Heilbronn. Es ist denkbar, dass aus den unteren Verwaltungsbehörden noch weitere, bislang nicht bearbeitete Akten nach einer Verzeichnung zugänglich gemacht werden.

162 Brüggemann, Sigrid: 1. Die Zentrale: das „Hotel Silber". In: Bauz, Brüggemann, Maier, Die Geheime Staatspolizei, S. 80–83, hier S. 80.

163 Brüggemann, Sigrid: 5. Die Verfolgung katholischer und evangelischer Geistlicher. In: Bauz, Brüggemann, Maier, Die Geheime Staatspolizei, S. 220–248, hier S. 221 f.

Abb. 19: Anweisung durch das Oberamt an die Gemeinden, feststellen zu lassen, ob die „beiden Sekten vertreten sind", 21.06.1933. StAS, Oberamt Balingen, Wü 65/4 T 4 Nr. 1436, o. fol., Anweisung des Oberamts Balingen betr. Werbetätigkeit, 21.06.1933.

Oberamt B a l i n g e n.   Balingen, den 21.Juni 1933.

An das Polizeiamt Ebingen und
An die Bürgermeisterämter des Bezirks (außer Ebingen)

Betreff: Werbetätigkeit der internationalen
         Bibelforschervereinigung und der
         Neuapostolischen Sekte.

   0 Beilagen.

      Unter Hinweis auf die Verordnung des Innen=
ministeriums und seinen Erlaß an die Bezirks- und
Ortspolizeibehörden, beide vom 14.Juni 1933 (Staats=
anzeiger Nr.136 vom 17.Juni 1933), ersuche ich die
Ortspolizeibehörden festzustellen, ob in ihren Bezirken
die beiden Sekten vertreten sind und zutreffendenfalls
die Anschriften der örtlichen Führer dem Oberamt
bis 10.Juli ds.Js. mitzuteilen.

      Fehlanzeige ist erforderlich.

Bürgermeisteramt Winterlingen, den 26. Juni 1933

       Fehlanzeige

          Bürgermeister

Regierungsratsamt Balingen
ng 27. JUNI 1933
Tgb. Nr. ....

Bis zum Beginn des Zweiten Weltkriegs waren in der Stapoleitstelle bis zu zwölf Beamte und Angestellte in den Kirchen- und Sektenangelegenheiten tätig. Nach Ausbruch des Krieges ging die Zahl auf zwei bis vier zurück.[164] Die geringe Personalausstattung der Gestapo hatte zur Folge, dass sie sich zur Informationsbeschaffung und bei Überwachungsmaßnahmen auf Vertrauensleute, auf Polizeistellen und die Partei NSDAP wie auf den SD stützen musste. Hinzu kam ein breiter Kreis zur Denunziation bereitwilliger Personen.[165]

Wie oben dargelegt, fand in Württemberg bereits nach dem Werbeverbot am 14. Juni 1933 eine zügige Erfassung der einzelnen Gemeinden und ihrer Gemeindeleiter statt. Bei dieser ersten, flächendeckenden Maßnahme zeigten sich nicht selten Mängel. Denn mitunter wurden die falschen Personen als Gemeindeleiter angesprochen, oder aber Gemeindeleiter wurden mit Bezirksvorstehern verwechselt.[166] Am 29. August 1934 übermittelte das Innenministerium Württemberg ein Schreiben an das Kultministerium „mit dem Ersuchen um gefällige Mitzeichnung im Fall des Einverständnisses oder Äusserung". Es ging um einen Antrag des Gaufachberaters der NSDAP, „Erhebungen über die Verbreitung, Organisation und Betätigung der Gemeinschaften und Sekten in Württemberg" durchzuführen. Schon am 1. September 1934 äußerte sich Kultminister Christian Julius Mergenthaler (1884–1980) eher zurückhaltend und verwies „auf eine Weisung des Führers", dass „sich die Staatsgewalt in die geistigen Auseinandersetzungen innerhalb der Kirche nicht einmengen soll". Doch das Innenministerium präzisierte am 28. Dezember 1934 dahingehend, dass es nicht darum ginge, sich in die „geistigen Auseinandersetzungen [der Evangelischen Kirche] einzumengen", sondern dass es „in erster Linie" um eine „Erfassung der Sekten" ginge.[167]

---

164 Ebd., S. 222.
165 Bauz, Ingrid: Von der Politischen Polizei zur Gestapo – Brüche und Kontinuitäten. In: Bauz, Brüggemann, Maier, Die Geheime Staatspolizei, S. 23–77, hier S. 65.
166 Siehe etwa: StAL, Oberamt Künzelsau, F 177 II Bü 311, o. fol., Eröffnungsbescheinigung vom 27.06.1933.
167 HStAS, E 151/02 Bü 852, Gemeinschafts- und Sektenwesen, enthält u.a.: Übersicht über Freikirchen und Sekten; Auflösung und Verbote, 1934–1938. S. 4–6.

Zwei Jahre nach der Machtergreifung wurden schließlich flächendeckend für alle „Sekten" Überwachungslisten erstellt. Dass es um eine reichsweit koordinierte Aktion ging, zeigt sich an den identischen Überwachungslisten, die auf eine klare Vorgabe schließen lassen. Zugrunde lag in Württemberg ein Erlass des Politischen Landespolizeiamtes vom 11. September 1935, Nr. 6/4215/172 „über das Bestehen von Sekten und sonstigen Religionsgemeinschaften". Erfasst wurde „Der Name der Sekte", „Ziel und Betätigung" derselben, „Welchem größeren Bestand" dieselbe „angeschlossen" war, „die Mitgliederzahl", „Personalien und politische Einstellung der Vorstandsmitglieder (einzeln)", „Stand und politische Einstellung der Mitglieder (allgemein)", „Politische Einstellung der Sekte". Schließlich gab es noch die Rubriken „Sind volksschädigende, staatsfeindliche und staatsgefährdende Auswirkungen der Sekte feststellbar, wenn ja, welche?"[168] und „Besondere Bemerkungen und Vorschläge".[169] In diesen Listen erfolgte neben einer qualitativ-politischen auch eine flächendeckend-quantitative Erfassung der „Sekten" hinsichtlich ihrer Mitgliederzahl.

Erfasst wurden alle als „Sekten" charakterisierten religiösen Gemeinschaften, wie etwa die „Hahnsche Gemeinschaft", die „Pregizianer Gemeinschaft",[170] die „Liebenzeller Missionsgesellschaft", die „Methodistengemeinde", „die Pietisten" und u.a. auch die „Neu-apostolische Gemeinschaft". Entsprechende Erfassungslisten finden sich nicht nur in Württemberg. Identische Listen liegen von anderen Ländern vor. So etwa von der Staatspolizeistelle Wilhelmshaven.[171] Ebenso aus dem Raum Merseburg,[172] wobei auch hier die Begründung war, dass es um einen „vollständigen Überblick über alle im hiesigen Bezirk bestehenden Sekten" ging

---

168 Abkürzungen im Text wurden aufgelöst.

169 StAL, Oberamt Maulbronn, F 183 II Bü 435, Sekten 1925–1938, o. fol., 1935.

170 Pregizer Gemeinschaft.

171 Niedersächsisches Landesarchiv, Standort Aurich (NLA AU), Rep. 16/1, Nr. 1023, Die Überwachung und Maßnahmen gegen Sekten und religiöse Gemeinschaften, 1935–1947, o. fol.; NLA AU, Rep. 32, Nr. 1499, Überwachung von Sekten, 1935–1938, o. fol.

172 Landesarchiv Sachsen-Anhalt, Benutzungsort Merseburg (LASA, MER), C 48 Ie, Nr. 1178, Konfessionsangelegenheiten: Katholische Kirche, Deutsche Glaubensbewegung, Sekten, 1934–1944, S. 337–354.

und eine Berichterstattung nach „nachfolgendem Muster" gehen sollte.[173] Auch in der Pfalz verlief die flächendeckende Erfassung der „Sekten" im Jahre 1935 nach diesem Muster.[174] Dass eine reichsweite Koordinierung zugrunde lag, geht auch aus Eingangsvermerken des Sicherheitsdienstes des Reichsführers-SS hervor. Dorthin wurden die erfassten „Sekten" gemeldet.[175]

Allerdings wiesen diese Erhebungen gewisse Unschärfen auf. Das hing insbesondere damit zusammen, dass sie von den örtlichen Polizeibehörden durchgeführt wurden und die Charakterisierungen abhängig waren von persönlichen Einschätzungen. Das war den jeweiligen Staatspolizeistellen durchaus bewusst. So berichtete der Leiter der Staatspolizeistelle für den Regierungsbezirk Merseburg an den zuständigen Regierungspräsidenten am 10. Oktober 1935: „Die Charakteristiken der Ortspolizeibehörden sind natürlich sehr unterschiedlich und unvollkommen. Ich habe sie trotzdem eingefügt, da mir zu eigener Nachprüfung vorerst die Zeit fehlt."[176]

Entsprechendes ist auch für Württemberg festzustellen. Auch hier wurden die sog. „Sekten" oft lapidar, unscharf und schwammig charakterisiert. Zwar waren die Personalien der „Vorstandsmitglieder" (Vorsteher) der Neuapostolischen Kirche korrekt angegeben, aber die Rubrik „Stand und politische Einstellung der Mitglieder (allgemein)" war doch einer gewissen Subjektivität der Beurteilenden unterworfen. Hinsichtlich der Neuapostolischen Kirche stand bei der Gemeinde Enzberg lapidar „verschieden, einige gute Einstellung, einige weniger gute". Die Gemeinde Ötisheim wurde bzgl. der gleichen Rubrik so beurteilt: „Politische Einstellung der Mitglieder verschieden, nach außen bei allen gut".[177] Während die neuapostolische Gemeinde von Zaiserweiher in dieser Rubrik so eingeschätzt wurde: „ledige und verheiratete Mitglieder aus dem Arbeiterstand. Politische Einstellung national", erhielt die Gemeinde Maulbronn die Einschätzung „Ledige und

---

173 Ebd., S. 337.
174 Siehe etwa für den Bezirk Pirmasens LASp, H 42, Nr. 874, o. fol.
175 BArch, R 58/5661, Erfassung von Sekten, Freikirchen und evangelischen Gemeinschaften, 1935. Für das „Oberabschnittsgebiet Südwest" v. 16. Juli 1935 wurde auch die „Neuapostolische Gemeinde" erfasst, siehe S. 189–204.
176 Ebd., S. 339.
177 Rechtschreibung des Zitats angepasst.

verheiratete Mitglieder. In der Hauptsache Landwirte. Politisch zurück-haltend".[178]

Im Oberamt Schwäbisch Hall wiederum wurde die Neuapostolische Kirche als „regierungsfreundlich" charakterisiert.[179] Der Bericht des Land-jägerstationskommandos Oberamt Calw bemerkte zu dem Erlass des Württembergischen Politischen Polizeiamts vom 11.9.1935: „Landwirte, Arbeiter, Gewerbetreibende, staatsbejahend".[180] Im Oberamt Nagold hieß es dazu „nach dem Gesamteindruck nationalsozialistisch", wobei zur Rubrik der „Politischen Einstellung der Sekte" sehr zurückhaltend formuliert wurde: „Scheinbar staatsbejahend (deren Programme sind hier nur allgemein bekannt)".[181] Zum Gemeindeleiter von Bönnigheim wurde bemerkt „politisch nicht vertrauenswürdig". Zu dessen Kollege aus Bietigheim hieß es „Nichts Nachteiliges bekannt", während der Vorsteher aus Besigheim die Beurteilung „An der nationalsozialistischen Gesinnung wird nicht gezweifelt" erhielt.[182]

Auch bei den anderen „Sekten" war das Beurteilungsspektrum sehr heterogen und teilweise identisch. Jedenfalls reichte das Spektrum bei nicht wenigen „Sekten" von „nationalsozialistisch"[183] über „Nach dem Gesamteindruck staatsbejahend"[184] bis zu „Alle Stände vertreten, nicht staatsfeindlich eingestellt"[185] und „Arbeitet für die NSDAP".[186] Die Einschätzungsskala etwa der Methodisten entsprach insgesamt weitgehend der „Bewertung" der Neuapostolischen Kirche sowie anderer Religionsgemeinschaften und

---

178 StAL, Oberamt Maulbronn, F 183 II Bü 435, Sekten 1925–1938, o. fol, 1935.
179 KA Schwäbisch Hall, Oberamt Hall, A 1, Bü 480, o. fol. 10.10.1935.
180 KA Calw, Sektenüberwachung durch die Verwaltung des NS-Staates, Oberamt Calw, A 2 Bü 198, S. 8 f., 07.10.1935. Für die in den KA Schwäbisch Hall und Calw durchgeführten Recherchen bin ich Herrn Ulrich Hailfinger zu Dank verpflichtet.
181 StAS, Oberamt Nagold, Wü 65/21 T 3 498, o. fol, 07.10.1935.
182 StAL, Oberamt Besigheim, F 154 II Bü 4021, Sekten, Überwachung, 1934, 1935, o. fol. 11.10.1935.
183 KA Schwäbisch Hall, Oberamt Hall, A 1, Bü 480, o. fol., 10.10.1935.
184 StAS, Oberamt Nagold, Wü 65/21 T 3, Nr. 498, o. fol, 07.10.1935.
185 Siehe etwa Gemeinde Serres, KA Calw, Oberamt Calw, Sektenüberwachung durch die Verwaltung des NS-Staates, A 2 Bü 198, S. 8 f., 07.10.1935.
186 StAL, Oberamt Maulbronn, F 183 II Bü 435, Sekten 1925–1938, Bericht der Landjägerstelle Wurmberg, 03.10.1935.

war damit von oft subjektiven lokalen Beurteilungen abhängig. Doch abgesehen von diesen Bewertungen erbrachten die Erhebungen im Frühherbst 1935 doch als wesentliches Ergebnis, dass die Mitgliederzahlen aller als „Sekten" bezeichneten religiösen Gemeinschaften flächendeckend erhoben und festgehalten worden sind. Allerdings lassen sich angesichts der Heterogenität der Erhebungsmaßnahmen und der offensichtlichen Überforderung der erhebenden Personen nur bedingt verifizierbare Rückschlüsse auf die tatsächliche politische Einstellung der befragten Mitglieder der „Sekten" ziehen.

In Württemberg erfolgte ein erneuter intensiver und alle Landesteile erfassenden Überwachungszyklus im Jahre 1938. Bei diesen Erhebungen ging es nicht mehr um einen allgemeinen Überblick der „Sekten", sondern hier stand gezielt die Neuapostolische Kirche im Fokus. Das Frageraster zeigt zudem ein bedeutend größeres Wissen um die kirchlichen Strukturen; die Fragen waren präziser und koordinierter. Am 19. April 1938 erteilte die Geheime Staatspolizei, Staatspolizeileitstelle Stuttgart unter dem Aktenzeichen Nr. II B 1–106/38 und dem Betreff „Neu-Apostolische Gemeinde" allen Landräten den Auftrag „vertrauliche Erhebungen über die ' Neu-Apostolische Gemeinde' im dortigen Kreis anzustellen". Die Gestapo wollte diese Informationen haben: Feststellung der leitenden Personen mit Angabe der Personalien sowie ihre Einstellung zum nationalsozialistischen Staat. Ebenso sollten die Vermögensverhältnisse der Gemeinden einschließlich der Liegenschaften erhoben werden. Schließlich ging es um die Ermittlung „der Haltung der örtlichen Neu-Apostolischen Gemeinde gegenüber dem nationalsozialistischen Staat und ob praktische Fälle staatsfeindlicher Einstellung bekannt geworden sind." Die Antworten sahen insgesamt etwa so aus wie die der Gendarmerie-Abteilung von Münsingen vom 15. Mai 1938, die detaillierte Informationen entsprechend der Fragestellung über die Gemeinden Münsingen, Mehrstetten, Laichingen und Kohlstetten[187] lieferte. Der zweiseitige Bericht stellte nichts Nachteiliges in Bezug auf die staatskonforme politische Haltung fest.[188]

---

187 Heute Engstingen-Kohlstetten.
188 StAS, Landkreis Münsingen, Wü 65/20 T3, Nr. 3818, o. fol., 19.04.1938. Vgl. etwa auch Kreisarchiv Göppingen, Sekten 1933–1939, C 3 228, S. 90.

Abb. 20: Anweisung der Gestapo an das Landratsamt Münsingen, vertrauliche Erhebungen über die Neuapostolische Gemeinde durchzuführen, 19.04.1938. StAS, Landkreis Münsingen, Wü 65/20 T3, Nr. 3818, o. fol., 19.04.1938.

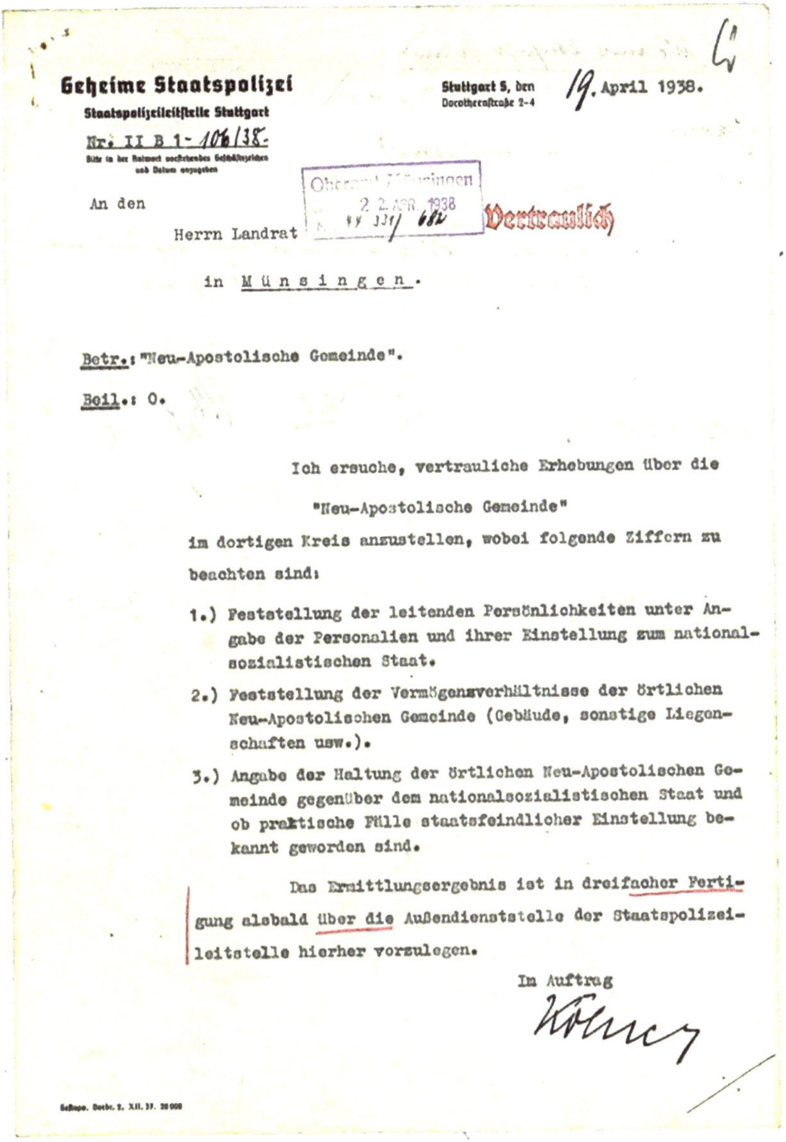

Geheime Staatspolizei
Staatspolizeileitstelle Stuttgart
Nr. II B 1 - 106/38.
Bitte in der Antwort vorstehendes Geschäftszeichen und Datum anzugeben

Stuttgart S, den 19. April 1938.
Dorotheenstraße 2-4

Oberamt Münsingen
22. APR. 1938

Vertraulich

An den

Herrn Landrat

in Münsingen.

Betr.: "Neu-Apostolische Gemeinde".

Beil.: 0.

Ich ersuche, vertrauliche Erhebungen über die "Neu-Apostolische Gemeinde" im dortigen Kreis anzustellen, wobei folgende Ziffern zu beachten sind:

1.) Feststellung der leitenden Persönlichkeiten unter Angabe der Personalien und ihrer Einstellung zum nationalsozialistischen Staat.

2.) Feststellung der Vermögensverhältnisse der örtlichen Neu-Apostolischen Gemeinde (Gebäude, sonstige Liegenschaften usw.).

3.) Angabe der Haltung der örtlichen Neu-Apostolischen Gemeinde gegenüber dem nationalsozialistischen Staat und ob praktische Fälle staatsfeindlicher Einstellung bekannt geworden sind.

Das Ermittlungsergebnis ist in dreifacher Fertigung alsbald über die Außendienststelle der Staatspolizeileitstelle hierher vorzulegen.

Im Auftrag
Kölner

Gestapo. Vordr. 2. XII. 37. 20000

Im Raum Göppingen berichtete die Gendarmerie-Inspektion Göppingen anlässlich der „Auflösung" der Möttlinger Bewegung auch über den Leiter der neuapostolischen Gemeinde Albershausen und legte eine komplette Mitgliederliste der Gemeinde bei.[189] Weitere Mitgliederlisten der Gemeinden im Kreis Göppingen folgten, wobei immer der Familienvater namentlich erfasst wurde, sein Wohnort sowie die Zahl der Familienmitglieder über und unter 14 Jahren.

Der Sicherheitsdienst des RFSS,[190] Unterabschnitt Württemberg/ Hohenzollern, Außenstelle Reutlingen erteilte am 8. Juni 1938 unter dem Aktenzeichen „II 113 4 WA/RE" den verschiedenen unteren Verwaltungsbehörden oder Polizeidienststellen einen genauen Überwachungsauftrag. So erhielt der Polizeidirektor von Reutlingen folgende Instruktion: „Die SD-Aussenstelle Reutlingen bittet die Polizeidirektion über den Sitz der Neuapostolischen Gemeinden, Vorsteher und Prediger (mit Personalien), heutiger Mitgliederstand, benutzter Raum, Grösse und Wert des Grundbesitzes, frühere und heutige Parteizugehörigkeit oder Angehörigkeit der Gliederungen der Partei (Personalien), Zahl der nach 1933 eingetretenen Mitglieder, die Kripo Ermittlungen anstellen lassen zu wollen. […]". Zudem wurde um „baldmöglichste Erledigung" gebeten, da der ursprüngliche Erledigungstermin bereits verstrichen sei.[191]

---

189 KA Göppingen, C 3 230, Schreiben der Gendarmerie-Inspektion Göppingen, 06.12.1938.

190 Reichsführer-SS.

191 StAS, Polizeidirektion Reutlingen, Wü 49/10 a T 1, Nr. 133, o. fol. Schreiben des Sicherheitsdienstes des RFSS, Unterabschnitt Württemberg/ Hohenzollern, Außenstelle Reutlingen an die Polizeidirektion Reutlingen, 08.06.1938.

Abb. 21: Handschriftlicher Antwortvermerk des Bürgermeisters von Calw auf die Anfrage des Landrats in Bezug auf die Neuapostolische Gemeinde, 29.04.1938: „Haben sich in Calw immer sehr zurückhaltend gezeigt. Ich habe den Eindruck, daß dies auf Weisung geschieht." KA Calw, Sektenüberwachung durch die Verwaltung des NS-Staates, Oberamt Calw A 02, Bü 198, o. fol.

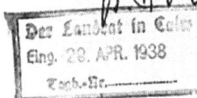

Der Landrat.   Calw, den 28. April 1938.

An die
Herren Bürgermeister.

                                        Vertraulich !

Betreff: Neuapostolische Gemeinde.

Tgb.Nr.5430.

1 Beil.

        Jch ersuche um Beantwortung der nachstehenden Fragen und
postwendende Zurücksendung des Berichts.
        Die Erhebungen sind vertraulich anzustellen; Befragung
von Mitgliedern der örtlichen Gemeinschaft kommt nicht in Frage.

Der Landrat in Calw
Eing. 28. APR. 1938
Tagb.-Nr.

Frage: Antwort:

1.) Jst in Jhrer Gemeinde die   Ja / Nein.
    "Neuapostolische Gemeinde"
    vertreten ?

2.) Wer sind die leitenden Per-
    sönlichkeiten ? (Genaue Angabe
    der Personalien ?)

3.) Welche Vermögenswerte besitzt
    die örtliche Gemeinde ?
    (Barvermögen,Gebäude,sonstige
    Liegenschaften ?)

4.) Welche besonderen Beobachtungen
    haben Sie über die Haltung der
    Mitglieder zum heutigen Staat
    gemacht ?

Erledigt zurück
    an den
    Herrn Landrat   ....den 29. April 1938.
        in C a l w .   Der Bürgermeister:

Am 22. Juni 1938 wurden die gewünschten exakten Daten geliefert. Sie enthielten die Funktion, den Namen, das Geburtsdatum, den Geburtsort und die aktuelle Adresse aller Funktionsträger (Amtsbrüder) sowie die Adresse der Versammlungsstätte. Zum Mitgliederstand der Gemeinde Betzingen wurde angeführt, dass sie 1933 226 und 1938 269 Mitglieder hatte. Dazu folgte der Hinweis: „Die Zunahme ist hauptsächlich auf Geburten und Zuzüge von Reutlingen zurückzuführen". Dann wurde bemerkt, dass sich auch in Gönningen, Kreis Tübingen,[192] fünf „Anhänger" der Neuapostolischen Kirche befänden. Diese würden aber die Gottesdienste in Reutlingen besuchen, „weil sich in Gönningen keine selbständige Gemeinde befindet." Schließlich wurde noch angeführt, dass ein Mitseelsorger 1936 wegen eines Vergehens gegen das „Gesetz über Angriffe gegen Staat und Partei vom 20.12.1934" angezeigt worden war. Über die anderen Funktionsträger lagen keine diesbezüglichen Erkenntnisse vor.

Für Württemberg liegen in den untersuchten Archiven und Beständen nach 1938 nur noch vereinzelte Überwachungsakten sonstiger religiöser Gemeinschaften und „Sekten" vor. Es ist jedoch eher unwahrscheinlich, dass die Überwachung gänzlich eingestellt wurde. Da die Akten der Gestapozentrale Württemberg bei Kriegsende vernichtet worden sind, lässt sich über den Fortgang nur spekulieren.

Strukturell schälen sich für Württemberg folgende flächendeckende Überwachungszyklen in Bezug auf die Mitgliedererfassung heraus: Unmittelbar nach dem Werbeverbot am 14. Juni 1933 wurden alle Gemeinden mit den Vorstehern erfasst. Letztere hatten eine Eröffnungsbescheinigung zu unterzeichnen. Zu diesem Zeitpunkt wurden anlassbezogen einzelne Listen von Gemeindemitgliedern erstellt. Nach dem Erlass des Württembergischen Politischen Polizeiamts vom 11. September 1935 wurden für alle „Sekten" detaillierte Erfassungslisten einschließlich der Mitgliederzahlen erstellt, darunter auch über die Neuapostolische Kirche. Die Gemeindeleiter wurden namentlich mit Geburtsdatum und Wohnort festgehalten. Der Erlass des Sicherheitsdienstes des RFSS vom 8. Juni 1938 erbrachte schließlich die präzisesten Informationen; er richtete sich speziell gegen

---

192 Heute Reutlingen-Gönningen, Landkreis Reutlingen.

die Neuapostolische Kirche. Auch hier wurde wieder die Mitgliederzahl festgestellt. Jedenfalls legt die Gesamtheit der recherchierten Akten umfassende Kenntnisse der Mitgliederzahlen durch die Überwachungsbehörden nahe. Allerdings gab es in Württemberg nach diesen Unterlagen keine flächendeckenden Mitgliederlisten. All diese koordinierten Erfassung- und Überwachungsmaßnahmen schlossen örtliche Überwachungen von Personen und Gottesdiensten nicht aus.

Die gewünschte Kontextualisierung macht einen Vergleich mit anderen Ländern sinnvoll. Hinreichend gut ist etwa die Aktenlage in der Bayerischen Pfalz sowie in Hessen. Die Kammer des Innern der Regierung der Pfalz in Speyer erteilte am 6. September 1934 an die Polizeidirektionen Ludwigshafen am Rhein und Kaiserslautern, an die Staatspolizeiämter Speyer und Zweibrücken, die Bezirksämter und Bezirksamtsaußenstellen der Pfalz sowie die „Herren Stadtkommissäre in Frankenthal, Landau in der Pfalz, Neustadt an der Haardt[193] und Pirmasens" den Auftrag, bis zum 1. Oktober 1934 folgende Informationen zu berichten: Anzahl der Neuapostolischen Gemeinden mit ihrem Sitz, der Mitgliederzahl und den Namen des Predigers. Außerdem sollte eruiert werden, ob die Zusammenkünfte zur „Tarnung marxistischer Zusammenkünfte dienen" und ob es Beziehungen zu den Ernsten Bibelforschern gäbe. Ebenso sollte nach einer möglichen Genehmigungspflicht der Andachten gefragt werden.[194]

Der Rücklauf etwa für die Gemeinde Bolanden erfolgte am 23. September 1934 mit einer exakten Mitgliederliste. Hier ergab sich zudem die seltene Konstellation, dass der örtliche Vorsteher Ferdinand T. zugleich Ortsvorsteher war. Nicht unproblematisch für die Gemeinde war die Information, dass die Frau des Predigers Jakob B., geb. H. und ihre Tochter vorher den Ernsten Bibelforschern angehört hatten und sich nach dem Verbot dieser Gemeinschaft der neuapostolischen Gemeinde angeschlossen hatten. T. gehörte nach dieser Erhebung zu den „ersten

---

193 Neustadt an der Weinstraße.
194 LASp, H 37, Nr. 3191, o. fol. Bezirksamt Kirchheimbolanden, Neuapostolische Gemeinde, Sekte, Anweisung der Regierung der Pfalz, Kammer des Inneren, 06.09.1934.

Nationalsozialisten" in Bolanden, was wiederum als positiv bewertet wurde.[195]

Am 2. April 1935 wurden ergänzende Berichte zu den „Vollzugsberichten" vom September 1934 verlangt. Die Außenstelle Pfalz der Bayerischen Politischen Polizei verlangte zu wissen, ob sich zwischenzeitlich Änderungen in den einzelnen Gemeinden ergeben hatten und ob Anlass zu polizeilichem Einschreiten bestand. Schon am 30. April reagierte die Polizeidirektion von Ludwigshafen am Rhein, dass in den Gemeinden Bolanden und Kerzenheim „in der Zwischenzeit Veränderungen nicht eingetreten" seien. Das heißt, dass sich die Mitgliederzahl nicht verändert hatte.[196]

Bereits am 24. Mai 1935 kam ein Paukenschlag durch einen Erlass der Bayerischen Politischen Polizei unter dem Betreff „Neuapostolische Gemeinde".[197] Jetzt ging es darum, dass „bekannt geworden" sei, „dass die Mitglieder der ˈNeuapostolischen Gemeindeˈ zum Teil den früheren marxistischen Parteien angehörten und mit der ehemaligen K. P. D. sympathisierten […]". Dieser stereotype Vorwurf lieferte die Begründung dafür, „umgehend Mitgliederverzeichnisse" der Neuapostolischen Kirche zu erstellen. Ebenso sollte die politische Einstellung der Mitglieder überprüft werden. Entscheidend war zudem die Frage, „ob die Mitgliederzahl der ˈNeuapostolischen Gemeindeˈ seit der Machtübernahme zugenommen hat und ob die neuen Mitglieder als frühere Marxisten und Kommunisten bekannt geworden sind […]". Das Bezirksamt von Bolanden berichtete schon am 5. Juni 1935, dass die Gemeinde Bolanden keinen

---

195 LASp, H 37, Nr. 3191, o. fol. Bezirksamt Kirchheimbolanden, Bericht der Gendarmeriestation Mannheim an das Bezirksamt Kirchheimbolanden (Betreff Neuapostolische Gemeinde), 23.09.1934.

196 LASp, H 37, Nr. 3191, o. fol., Anweisung der Außenstelle Pfalz der Bayerischen Politischen Polizei an die Polizeidirektion Kaiserslautern, die Staatspolizeiämter Speyer und Zweibrücken, die Bezirksämter und Bezirksamtsaußenstellen und die Stadtkommissare in Frankenthal, Neustadt a. d. Haardt, Landau/Pfalz und Pirmasens, festzustellen, „inwieweit sich in der Zwischenzeit bei den einzelnen neuapostolischen Gemeinden Änderungen ergeben haben", 02.04.1935.

197 Ebd., Anweisung der Bayerischen Politischen Polizei, unter dem Aktenzeichen B. Nr. 18474/35 I 1 B., 24.05.1935 mit dem Stempel „Geheim".

Mitgliederzuwachs hatte. Ähnliche Meldungen gab es auch anderswo.[198] Die zurücklaufenden ausgefüllten Formulare ergaben in Bezug auf die politische Einstellung der Vorstandsmitglieder fast immer, dass sie nicht staatsfeindlich seien, obwohl früher viele angeblich „marxistisch" eingestellt gewesen seien.[199] Bei dieser Maßnahme wurden allein für die Gemeinde Pirmasens mit dem Stichtag 15. Juni 1935 205 Mitglieder erfasst, mit dem kompletten Namen, dem Geburtstag, dem Geburtsort, der Adresse und dem Datum des Kircheneintritts. Gerade dieses Datum veranschaulichte, welche Mitglieder nach dem Machtantritt in die Kirche eingetreten waren. Noch am 3. Dezember 1933 gab es einige Konversionen in die Kirche. 1934 und 1935 erfolgten noch insgesamt sieben Eintritte. Im Vergleich zu den Jahren vor 1933 waren das sehr wenige Zugänge.[200]

Doch auch in der Bayerischen Pfalz wurden die Überwachungsmaßnahmen 1938 erheblich intensiviert. Am 7. November 1938 meldete das Bezirksamt Kirchheimbolanden der Staatspolizeileitstelle Neustadt an der Weinstraße,[201] dass der Gottesdienst in Eisenberg (Pfalz) bei Familie Sch. am 13. November 1938 überwacht worden war. Der Prediger Emil H. hätte sich jedoch vor allem auf das Verlesen von Bibelsprüchen beschränkt. Wesentlich problematischer war die Aussage, dass die Eheleute Sch. ehemalige Anhänger der SPD waren, sich aber inzwischen „in politischer Hinsicht sehr zurückhaltend und interessenlos verhalten." Allerdings würde sich der „Tochtermann" Franz Sch., der früher überzeugter Anhänger der KPD war und im Hause Sch. gewohnt hatte, jetzt im Konzentrationslager Dachau befinden.

Die umfassenden Überwachungsmaßnahmen von 1935 stimmten mit der in Württemberg überein. Das geht aus einem Schreiben der Bayerischen Politischen Polizei vom 28. August 1935 hervor, in dem Bezug auf einen

---

198 So etwa bei der Gemeinde Schönau. Hier wurde ebenfalls bemerkt, dass die Mitgliederzahl seit der Machtübernahme nicht zugenommen hatte: LASp, H 42 Nr. 874, o. fol., Schreiben von Hauptwachtmeister Scherer, Gendarmerie-Station Schönau, 17.06.1935. Für die Gemeinde Kerzenheim wurde am 04.06.1935 vermerkt, dass „in letzter Zeit [...] keine Neueintritte zu verzeichnen" waren.
199 LASp, H 42 Nr. 874, o. fol., 27.09.1934.
200 Ebd., o. fol., 15.06.1935.
201 Ebd., 07.11.1938, eingegangen am 18.11.1938.

Erlass des Politischen Polizeikommandeurs der Länder genommen wird. Ebenso wie in Württemberg ging es um einen „vollständigen statistischen Überblick" aller in Deutschland vertretenen „Sekten".[202] Auch die zugrundeliegenden Formulare sind formal und inhaltlich identisch mit denen in Württemberg. Das gilt ebenso etwa für die Staatpolizeistelle Wilhelmshaven und andere Erhebungen.[203] Das ist nicht weiter verwunderlich, da es um eine reichsweite Maßnahme ging, die in den Akten ihren entsprechenden Niederschlag gefunden haben.

Für den Landkreis Erbach im Odenwald[204] liegen Überwachungsakten noch aus dem Jahr 1940 vor.[205] Der Perfektionsgrad äußerte sich in exakten Mitgliederlisten, wie etwa von der Gemeinde Beerfelden. Diese enthielt den Namen jedes Mitglieds, sein Geburtsdatum, den Geburtsort, den Beruf sowie den Wohnort. Zudem wurde bei der Gemeinde Michelstadt der Hauptsitz der Kirche in Karlsruhe, dessen Vorsitzender (Apostel) Karl Hartmann war, mit Adresse benannt.[206] Dies neben einer ebenfalls kompletten Mitgliederliste, die neben dem Namen, dem Geburtsdatum, dem Geburtsort, dem Wohnort auch die Rubrik Familienverhältnisse enthielt. Diese und andere Mitgliederlisten legen nahe, dass es sich um Abschriften erzwungener Einsichten, Abschriften oder temporärer Herausgaben der Kirchenbücher handelte.

Der Landrat des früheren Landkreises Alfeld (Leine) berichtete am 14. Mai 1941 an die Staatspolizeistelle Hildesheim weisungsgemäß: „Hierneben übersende ich eine listenmässige Erfassung von Mitgliedern der Neuapostolischen Gemeinden sowie deren Leiter, die in der anliegenden Liste rot unterstrichen sind. Ausser den in der Liste genannten Gemeinden sind im Kreise Alfeld keine Neuapostolischen Gemeinden vorhanden."

---

202 LASp H 37, Nr. 3192, Anweisung der Bayerischen Politischen Polizei, 28.08.1935.
203 NLA AU, Rep. 16/1, Nr. 1023, Die Überwachung und Maßnahmen gegen Sekten und religiöse Gemeinschaften, 1935–1947, o. fol.
204 Heute Odenwaldkreis.
205 Hessisches Staatsarchiv Darmstadt (HStAD) G 15 Erbach Nr. K 1001, Aufsicht über Religionsgemeinschaften und Sekten, 1818–1941, Schreiben des Gendarmeriepostens Beerfelden an den Gendarmeriekreis Erbach betr. Neuapostolische Gemeinde, 10.07.1940.
206 Ebd., 05.07.1940.

Abb. 22: *Anschreiben des Bürgermeisters von Elze an den Landrat des Kreises Alfeld (Leine) mit dem Hinweis, dass er in der Anlage eine Mitgliederliste der Neuapostolischen Gemeinde von Elze überreicht. Sie wird an die Geheime Staatspolizei, Staatspolizeistelle Hildesheim, weitergeleitet. NLA HA, Hann. 174 Alfeld, Nr. 39, Bekämpfung religiöser Sekten, 1938–1941, 15.04.1941, o. fol.*

Der Bürgermeister
als Ortspolizeibehörde

Elze (Hann.), den 15.April 1941.
Kreis Alfeld.

Fernsprecher 400.

T. B. Nr. H/M.
Bitte bei der Antwort angeben.

An
den Herrn Landrat
in Alfeld/Leine.

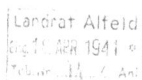

Landrat Alfeld
eing. 16. APR 1941 o
Tgb.-nr. ..... / ... Anl.

Betr.: Neuapostolische Gemeinde - Ihre Verfügung vom 26.3.41 -
L. VI.-

Ich überreiche hierbei eine Mitgliederliste der Neuapostolischen
Gemeinde E l z e, zu der 104 Personen Personen gehören. Die
Führung hat ein Händler Heinrich M e y e r, Elze, Osterstrasse,
in der Hand. Seine Personalien sind folgende:
        Heinrich M e y e r, geb. am 10.4.1877 in Hohenlamden
        wohnhaft: Elze, Osterstr. 19.

Von der Ausfüllung eines Personalbogens nehme ich Abstand, da
der Leiter und Prediger, Hermann Knigge, in Hannover, Lavesstr.45
wohnt.

./.

Zugrunde lag ein Ersuchen der Geheimen Staatspolizei, Staatspolizeistelle Hildesheim[207] vom 22. März 1941 unter dem Betreff „Neuapostolische Gemeinden" folgenden Inhalts: „Zur Erfassung der im Regierungsbezirk Hildesheim befindlichen Neuapostolischen Gemeinden bitte ich um Feststellung und Mitteilung, wo sich im dortigen Bezirk derartige Gemeinden befinden. Ggfs. bitte ich um Übersendung einer Mitgliederliste und eines Personalbogens über den Leiter und Prediger der fragl[ichen] Gemeinde. Fehlanzeige ist erforderlich."[208] Beigelegt war eine vom „Bürgermeister als Ortspolizeibehörde" ausgefertigte Mitgliederliste sowie ein Personalbogen

---

207 AZ: B. Nr. K II/1–1141/41.
208 NLA HA, Hann. 174 Alfeld, Nr. 39, Bekämpfung religiöser Sekten, 1938–1941, o. fol.

für den Gemeindeleiter. Das Mitgliederverzeichnis enthielt in alphabetischer Reihenfolge immer den Namen des Familienoberhauptes, den Wohnort, die genaue Adresse sowie die Anzahl der Familienmitglieder. Im Verzeichnis der Mitglieder der Gemeinde Klein Freden[209] war zusätzlich noch der Beruf des Familienoberhauptes aufgeführt. Zudem war jedes einzelne Mitglied, einschließlich der Kinder, namentlich aufgelistet. Im Falle der Gemeinde Elze erfolgte die Auflistung nach Familien.[210]

Das Personalblatt des Leiters der Gemeinde Alfeld ließ an Präzision kaum etwas zu wünschen übrig. Neben den üblichen Angaben zu seiner Person (Name, Wohnort, Geburtsort, Geburtsdatum, Familienstand, Beruf) wurde nach dem Glaubensbekenntnis gefragt und ob er „Arier" sei, nach den Kindern, ob er vorbestraft sei und ob er Beziehungen zum Ausland hätte. Seine politische Einstellung wurde so charakterisiert: „Hat sich politisch noch nicht betätigt, gehöret auch keiner Partei an. Ist seit 1934 Mitglied des R.L.B.[211] und seit 1939 Mitglied der N. S. V.[212]" Ebenso wurde festgestellt, dass in „strafrechtlicher, pol[itischer] und spionagepolizeilicher Hinsicht" nichts „Nachteiliges" bekannt sei. Der Bericht schloss mit der Feststellung: „Über Ruf und Lebenswandel ist Nachteiliges nicht zu sagen."[213]

Nach dem „Anschluss von Österreich" im März 1938 war es nur konsequent, dass die „Sekten" in der „Ostmark" ebenfalls erfasst wurden. So wurden neben den Gemeinden auch die Gemeindevorsteher festgestellt. Unter „Besonderes" wurden deren Vertreter namentlich erfasst.[214] Am 11. Januar 1940 berichtete der Sicherheitsdienst des Reichsführers-SS, SD-Unterabschnitt Salzburg an das Reichssicherheitshauptamt Berlin, dass „im hiesigen Bereich" eine „Gruppe der obengenannten Sekte [der Neuapostolischen Gemeinde] festgestellt" wurde und bat um das „Programm und

---

209 Heute Gemeinde Freden.
210 Am Ende folgte noch ein handschriftliches Mitgliederverzeichnis der Gemeinde Duingen.
211 Reichsluftschutzbund.
212 Nationalsozialistische Volkswohlfahrt.
213 NLA HA, Hann. 174 Alfeld, Nr. 39, Bekämpfung religiöser Sekten, 1938–1941, o. fol.
214 R 58/5713, Beobachtung von Sekten, 1935–1940, o. fol.

Ziele dieser Sekte". Gleichzeitig wurde versichert, dass die „Erhebungen von hier aus weiter fortgesetzt" werden.[215]

So lässt sich feststellen: Die Erkenntnisse der nationalsozialistischen Überwachungsorgane hinsichtlich der Mitgliederzahlen und der Verbreitung der Neuapostolischen Kirche waren umfassend. Das beruhte einerseits auf den Berichten der Kirche über die Anzahl ihrer Mitglieder, auf den kirchlichen Adressbüchern, aber auch auf erzwungenen Abschriften von Kirchenbüchern.[216] Andererseits waren es durch Überwachungsmaßnahmen gewonnene Erkenntnisse. Dieser Tatbestand zeigt umso deutlicher die Perfidität des „Leiheftes". Denn mit dem Erkenntnisgerüst einer umfassenden Erfassung und Überwachung der Mitgliederzahlen versehen, kam das „Leiheft über die Neuapostolische Gemeinde e. V. vom Mai 1937" gleichwohl wider besseres Wissen zu völlig anderen Ergebnissen.[217] Denn in diesem Leiheft wurde eine starke Expansion der Kirche unterstellt, obwohl dies den Erkenntnissen sowohl auf der Mikroebene als auch der Makroebene widersprach. Doch gerade diese manipulierten Darstellungen haben das Geschichtsbild über die Mitgliederentwicklung der Neuapostolischen Kirche bis heute maßgeblich geprägt.[218] Dadurch erreichten die Verfasser des Leiheftes und anderer oben dargestellter Berichte eine gewisse Deutungshoheit bis in die Gegenwart. Jedenfalls zeigen die dargelegten Maßnahmen, wie stark der Erfassungs- und Überwachungsdruck gegenüber der Neuapostolischen Kirche war.

---

215 Ebd., o. fol.

216 Dass es sich um Abschriften handelte, geht eindeutig aus einem „Mitglieder-Verzeichnis der Neuapostolischen Gemeinde Uhingen, Kreis Göppingen" vom 6. Dezember 1938 hervor, denn dieses Dokument ist mit „Abschrift" überschrieben. Die Abschrift des Mitglieder-Verzeichnisses der Gemeinde Albershausen vom 5. Dezember 1938 musste der Gemeindevorsteher Georg J. anfertigen. Für die Richtigkeit der Abschrift unterschrieb der zuständige Gendarmeriemeister, siehe: KA Göppingen, C 3 230, Private Religionsgemeinschaften, Sekten, Allgemeines, Einzelfälle, 1933–1941, o. fol.

217 BArch, R 58/230, Leiheft über die Neuapostolische Gemeinde e. V., Mai 1937.

218 Vermutlich ist dieser Bericht der Grund dafür, dass Schabronat, Die Neuapostolische Kirche, 2014, S. 64, zu der Einschätzung gelangt, dass die Neuapostolische Kirche 1937 in einer „Phase" war, „während der sie weniger gut gelitten ist" und suggeriert damit, dass sie außerhalb dieses Zeitfensters „gut gelitten" gewesen wäre.

VI. Bipolare Perspektive? Kirchliche (in)offizielle Korrespondenz

Prioritäres Ziel dieses Abschnitts ist die Wahrnehmung der Mitgliederentwicklung aus der Innensicht hoher kirchlicher Funktionsträger der Neuapostolischen Kirche. Das setzt allerdings zunächst eine Einordnung und Bewertung des gesichteten Materials voraus, um das Deutungspotential, aber auch die Grenzen der Aussagekraft dieser Dokumente zu erkennen.

Eine Durchsicht der Rundbriefe des Kirchenleiters Stammapostel Bischoff[219] sowie der Korrespondenz von Stammapostelhelfer[220] Heinrich Franz Schlaphoff (1894–1965)[221] aus Südafrika und der Rundschreiben von Bezirksapostel Emil Buchner (1883–1960)[222] führt zu der Frage ihrer Bewertung. Zweifellos enthalten die Briefe an Schlaphoff zahlreiche Schreiben, in denen das Wirken des NS-Regimes in erschreckend hellen Farben geschildert wurde.[223] Doch welchen Grad an Authentizität haben Briefe und Rundbriefe, die im Wissen um die staatliche Überwachung verfasst wurden? Daher ist ein Vergleich dieser Dokumente mit der Korrespondenz wichtig, die keiner Überwachung unterlag. Solche Dokumente sind selten, aber einige befinden sich im Schlaphoff-Nachlass.

Der Grad an Authentizität dieser Dokumente führt zu der Begrifflichkeit der „Selbstzeugnisse". Dazu liegt inzwischen eine hinreichend umfangreiche Forschungsliteratur vor.[224] Es handelt sich hierbei etwa um persönliche

---

219 ANAKI, AL0103, Rundschreiben J.G. Bischoff, 1932–1960.
220 Der etwas sperrige Begriff bedeutet, dass Schlaphoff seit 1933 die Betreuung der südlichen Hemisphäre als Vertreter des Stammapostels zugewiesen bekam.
221 ANAKI, AL0117, Korrespondenz H. F. Schlaphoff mit Europa, 1929–1944.
222 ANAKI, AL0104, Rundschreiben E. Buchner, 1937–1939.
223 Zum Gesamtkomplex der Bewertung des Verhältnisses zwischen den großen Kirchen und dem NS-Regime siehe: Gailus, Manfred (Hg.): Täter und Komplizen in Theologie und Kirchen 1933–1945. Göttingen 2015. Hier sei besonders auf den einleitenden Beitrag verwiesen: Gailus, Manfred: Täter und Komplizen in Theologie und Kirchen 1933–1945 – Zur Einführung. In: Ebd., S. 15–31.
224 Zum Forschungsstand ausgewählte Literatur: Greyerz, Kaspar; Medick, Hans; Veit, Patrice: Von der dargestellten Person zum erinnerten Ich. Europäische

Briefe, Autobiografien, Tagebücher, in denen eine Person aus eigener Motivation Zeugnis von sich selbst ablegt. Doch selbst diese Dokumente haben bis zu einem gewissen Grad den Charakter einer „Ich-Konstruktion", weil ein Individuum in der Regel bestrebt ist, die eigene Persönlichkeit in einem günstigen Licht erscheinen zu lassen und so auch bei Selbstzeugnissen von einem gewissen Manipulationsgrad auszugehen ist. Denn auch in Selbstzeugnissen können Ereignisse verschwiegen, verbogen oder beschönigt werden. Jedenfalls gehören die o. g. Rundschreiben in einem diktatorischen Regime nicht zur Kategorie der Selbstzeugnisse. Ebenso erfüllen die Briefe aus und nach dem nationalsozialistischen Deutschland diese Definition kaum, galten sie doch auch im Wissen der Schreibenden als überwacht. So ist es nicht nur nicht angemessen, Briefe hoher kirchlicher Funktionsträger an Behörden des NS-Staates als „n[eu]ap[ostolisches] Selbstzeugnis" zu bezeichnen, sondern diese definitorische Zuweisung offenbart zugleich eine mangelnde wissenschaftliche Auseinandersetzung mit dieser Thematik.[225] Damit wird unterstellt, dass an Behörden gerichtete Schreiben in einer Diktatur einen tiefen und unverstellten Einblick in das tatsächliche politische Denken des Verfassers bieten.

Selbstzeugnisse als historische Quellen (1500–1850). Köln, Weimar u. a. 2001; Peters, Jan: Mit Pflug und Gänsekiel. Selbstzeugnisse schreibender Bauern. Eine Anthologie. Köln, Weimar 2003; Rutz, Andreas: Ego-Dokument oder Ich-Konstruktion. Selbstzeugnisse als Quellen zur Erforschung des frühneuzeitlichen Menschen. In: Zeitenblicke 1, 2002, Nr. 2. http://www.zeitenblicke. de/2002/02/rutz/index.html (26.12.2013). Neuerdings siehe: Henning, Eckart: Selbstzeugnisse: Quellenwert und Quellenkritik. Berlin 2012. Der Autor dieses Kompendiums reflektiert den neuesten Forschungsstand und nimmt einen Vergleich der verschiedenen Selbstzeugnisse (Tagebücher, Autobiographien, Memoiren, Briefe) vor. Das ungebrochene Interesse an der Erforschung von Selbstzeugnissen findet seinen Ausdruck in der von Alf Lüdtke, Hans Medick, Claudia Ulbrich sowie Kaspar von Greyerz herausgegebenen Buchreihe „Selbstzeugnisse der Neuzeit". Zur früheren Diskussion: Peters, Jan: Wegweiser zum Innenleben? Möglichkeiten und Grenzen der Untersuchung populärer Selbstzeugnisse der Frühen Neuzeit. In: Historische Anthropologie 1, H. 2, (1993), S. 235–249; Krusenstjern, Benigna von: Was sind Selbstzeugnisse? Begriffskritische und quellenkundliche Überlegungen anhand von Beispielen aus dem 17. Jahrhundert. In: Historische Anthropologie. Kultur. Gesellschaft. Alltag 2 (1994), S. 462–471.

225 Schabronat, Die Neuapostolische Kirche, 2013, S. 150.

Diesen Tatbestand hat Ruth-E. Mohrmann schon 1991 auf den Punkt gebracht:[226] Sie fordert mit Recht Fähigkeiten eines Forschers zu „hermeneutischer Quellenkritik und Empathie" ein.[227] Das heißt, die Texte bedürfen der Einordnung in ihren Entstehungszusammenhang, damit sie möglichst korrekt ausgelegt und gedeutet werden können. Am Beispiel von Gerichtsakten kommt Mohrmann zu dem Schluss: „Wirklich glauben darf man im Grunde niemandem. Alle Reden und Eingaben, sei es der Täter, sei es der Opfer, verfolgen letztlich Strategien. Sie sind, wenn nicht Lüge, so doch Verstellung, Verheimlichung und Ausweichmanöver. Dieser Kaschierung der Wahrheit, den Winkelzügen der in die Enge Getriebenen auf die Spur zu kommen, ist die eigentliche Aufgabe des Alltagshistorikers." Auch wenn es sich bei den kirchlichen Rundschreiben und der Korrespondenz nicht um Gerichtsakten handelt, müssen die Aussagen hinterfragt, die Worte in Relation zu den Handlungen gebracht werden.

Tatsächlich war den Akteuren die umfassende Überwachung bewusst. So schrieb Ernst Güttinger (1877–1960), Bezirksapostel in der Schweiz, am 5. März 1936 im Auftrag des Stammapostels an Schlaphoff in Südafrika: „Sie wollen aber auch von diesem Brief nichts schreiben, denn es werden alle Briefe vom Auslande an ihn gelesen und auch die er ins Ausland sendet."[228]

Am 5. Juli 1936 schrieb Albert Troll, ein enger Freund von Friedrich (Fritz) Bischoff (1909–1987), dem Sohn des Stammapostels, an Schlaphoff, dass „alle Briefe geöffnet werden und auch über den Inhalt Rechenschaft gegeben werden muss."[229] Am 11. März 1937 bemerkte Ernst Güttinger gegenüber Schlaphoff wiederum: „Der liebe Stammapostel hat mich beauftragt, Ihnen zu schreiben in einer Angelegenheit wo er nicht kann, da alle abgehenden wie ankommenden Briefe gelesen werden."[230]

So sind sowohl die Rundbriefe und Briefe von und nach Deutschland hinsichtlich ihrer Authentizität und Aussagen zu hinterfragen. Dafür

---

226 Mohrmann, Ruth-E.: Zwischen den Zeilen und gegen den Strich – Alltagskultur im Spiegel archivalischer Quellen. In: Der Archivar. Mitteilungsblatt für deutsches Archivwesen, 44. Jg. (H. 1) Februar 1991, S. 234–246.
227 Ebd., S. 237.
228 ANAKI, AL0117, Korrespondenz H.F. Schlaphoff mit Europa, 1929–1944, Güttinger an Schlaphoff, 05.03.1936.
229 Ebd., Troll an Schlaphoff, 05.07.1936.
230 Ebd., Güttinger an Schlaphoff, 11.03.1937.

spricht auch der Tatbestand, dass verschiedene Apostel in ihren Briefen an Schlaphoff immer wieder die gleichen phrasenhaften Formulierungen verwendeten. Es handelt sich geradezu um eine semiotisch angereicherte Sprache, die sich häufig der gleichen nichtssagenden, sich dem Regime anbiedernden formelhafter Aussagen bediente. So schrieb Georg Schall am 18. April 1934: „Die Regierung hat überaus Grosses geleistet um dem deutschen Volke wieder Arbeit und Brot zu schaffen."[231] Immer wieder taucht diese Aussage in dieser oder einer ähnlichen Form auf. Mitunter wirken diese Textstellen wie erratische Blöcke oder eingestreute Werbetexte gegenüber dem Regime. Dabei ist es schwierig, zu ergründen, inwieweit es sich bei solchen Formulierungen um die tatsächliche oder nur die „taktische" Meinung des Korrespondenten handelt. Denn einige der Briefe gehen über die „üblichen" Phrasen hinaus und vermitteln dadurch wiederum Authentizität.

Doch wesentlich erhellender als diese „offizielle" Korrespondenz sind jene Briefe, die die deutsche Reichsgrenze nicht passierten. Erwartungsgemäß sind es nur sehr wenige Schreiben, weil dies einen Aufenthalt außerhalb des Reichsgebiets voraussetzte. Einzelne dieser Briefe liegen von Albert Troll vor. Wer war dieser Troll? Er war mit dem Sohn des Stammapostels Bischoff namens Friedrich Bischoff eng befreundet. Mile Braach (1898–1998)[232] hat sich in ihren Lebenserinnerungen über Troll geäußert. Sie war die Tochter des ehemaligen Lederwarenfabrikanten Otto Hirschfeld aus Frankfurt am Main und damit nach den „Rassegesetzen" eine Halbjüdin, obwohl ihr Vater evangelisch war, doch gemäß diesen Gesetzen war nicht die Religion, sondern die Herkunft entscheidend für die „rassische Zuordnung".

Sie und ihre Familie mussten manchen Terror durch die Nationalsozialisten erleiden, ihr Vater entkam am Ende des Krieges nur durch viel Glück der Gestapo. Ihr Mann Heinrich Braach arbeitete in der Zeit der Machtergreifung in Thüringen bei einer Zeitung. Doch dort wirkte der im Nürnberger Militärgerichtshof verurteilte und hingerichtete Wilhelm Frick (1877–1946) schon seit 1930 als Innenminister, der dann von 1933 bis 1943 Reichsinnenminister war. Damit verschlechterten sich die

---

231 Ebd., Schall an Schlaphoff, 18.04.1934.
232 Ihr eigentlicher Name war Emilie Marie Auguste, geb. Hirschfeld.

Arbeitsbedingungen für Braach zunehmend. So schätzte sich Heinrich Braach glücklich, als er angesichts des wachsenden politischen Drucks 1933 ein Stellenangebot im Bischoff-Verlag der Neuapostolischen Kirche wahrnehmen konnte. Braach war nicht neuapostolisch, aber er war für den Unterhaltungsteil der neu gegründeten Zeitschrift „Unsere Familie" verantwortlich. Mile Braach schrieb u. a. über Troll und Fritz Bischoff: „Die Verlagsleitung lag in den Händen von zwei jüngeren Leuten: Fritz Bischoff, dem Sohn des Stammapostels, und Albert Troll, einem ideenreichen und genialen Draufgänger. Beide waren der Gemeinde verbunden, andererseits waren sie unternehmerisch und sportlich, beide hatten ihren Pilotenschein, und gemeinsam besaßen sie einen Doppeldecker."[233]

Albert Troll schrieb am 5. Juli 1937 aus der Schweiz an Schlaphoff in Südafrika: „[…] die Verhältnisse im schönen Deutschland haben sich in politischer Hinsicht so gestaltet, dass wir immer mit einem Bein im Zuchthaus stehen."[234] Am 30. Juli 1937 antwortete Schlaphoff an Troll, postlagernd in Basel: „Es sind eben traurige Zustände, dass wir uns unter solch sonderbaren Umwegen zu verständigen suchen […]".[235] Es ist der gleiche Troll, der am 9. April 1934 in einem „überwachten" Brief aus Deutschland an Schlaphoff geschrieben hatte: „Hier in Deutschland ist soweit alles in Ordnung. Wir haben keine Veranlassung, zu glauben, dass uns in der Ausübung unserer religiösen Tätigkeit Einschränkungen auferlegt werden."[236]

Als Albert Troll aus persönlichen und geschäftlichen Gründen in Kolumbien weilte, schrieb er ebenfalls wieder an Heinrich Franz Schlaphoff in Südafrika. Der Briefwechsel ist in Bezug auf eine diskurssemantische Analyse überaus bemerkenswert. Denn das Schreiben von Troll wurde von Südamerika direkt nach Südafrika gesandt, wohingegen der Antwortbrief an den Wohnort von Albert Troll in Frankfurt geschickt worden war. Am 31. März 1937 berichtete Troll, der enge Freund des Sohnes von

---

233 Braach, Mile: Rückblende. Erinnerungen einer Neunzigjährigen. Frankfurt am Main 1992, S. 118 f.
234 ANAKI, AL0117, Korrespondenz H.F. Schlaphoff mit Europa, 1929–1944, Troll an Schlaphoff, 05.07.1937.
235 Ebd., Schlaphoff an Troll, 30.07.1937.
236 Ebd., Troll an Schlaphoff, 09.04.1934.

Stammapostel Bischoff, aus Südamerika: „Lieber Franz! [...] Mit grosser Schnelle ist der Abend über uns gekommen und wir leben der festen Gewissheit, dass in kurzer Zeit die Nacht kommen wird, wo niemand mehr wirken kann. Die Hitler Regierung duldet keine anderen Götter neben sich. Die deutsche Religion der Zukunft ist die der Rasse, des Blutes und der deutschen Ehre und religiöse Bestrebungen anderer Art werden im Laufe der Zeit auf allen möglichen Wegen abgeschaltet. Es fing damit an, dass „im Interesse des religiösen Friedens" keine kirchliche Propaganda mehr gemacht werden darf. Der l[ie]b[e] Stammapostel hat sich das nicht erst heissen lassen, sondern seinerseits rechtzeitig das Mitgliederwerbungsverbot erlassen. Überhaupt verdanken wir eine Reihe kluger Dispositionen von ihm, dass wir überhaupt noch existieren. Die Folge davon ist, dass wir fast keinen Zuwachs mehr haben und uns nur dem inneren Ausbau widmen können. [...] Vielleicht hast Du davon gehört, dass vor einigen Monaten die Jugend verstaatlicht wurde. Das bedeutet, dass alle Kinder in die Hitlerjugend eingegliedert werden.[237] Die Jugend und den Nachwuchs aus den vorhandenen Mitgliedern haben wir somit auch verloren, denn ein Kind, das diese Schule durchlaufen hat, ist für uns restlos verloren. Darüber hinaus tragen die jungen Seelen auch das Gift ihrer intensiven weltanschaulichen Schulung auch noch in das Elternhaus und manche Familie, die nicht fest gegründet ist im Ackerwerke des Herrn, wird dadurch angekränkelt. Kürzlich kam ein Verbot, wonach alle Brüder, die in Staats- oder Parteidienststellen tätig sind, kein Amt in der Kirche bekleiden dürfen. [...] Kein direktes Verbot wirkt so gründlich, als diese ausgeklügelte Zermürbungstaktik. Jedes Wort auf dem Altar muss reiflich überlegt und erwogen sein, denn Begriffe wie 'himmlisches Zion, Jerusalem, Abraham usw.' sind ebenso wie das tausendjährige Friedensreich jüdisch oder staatsfeindlich [...]. Unsere Presse wird auf das Schärfste kontrolliert, ob sich nicht irgendeine Möglichkeit bietet, sie kurzerhand

---

237 Troll rekurriert, dass bis 1935 Jugendorganisationen von Kirchen und Verbänden verboten wurden. Die Maßnahmen gipfelten im Gesetz über die Hitler-Jugend vom 1. Dezember 1936. § 1 lautete: „Die gesamte deutsche Jugend innerhalb des Reichsgebietes ist in der Hitlerjugend zusammengefaßt." In § 2 stand: „Die gesamte deutsche Jugend ist außer in Elternhaus und Schule in der Hitlerjugend körperlich, geistig und sittlich im Geiste des Nationalsozialismus zum Dienst am Volk und zur Volksgemeinschaft zu erziehen."

zu verbieten. [...] Die Kirchenbücher werden in Bezug auf die Qualität ihrer Mitglieder ständig kontrolliert, ob sich ja nicht ein Staatsfeind bei uns eingenistet hat. Wir leben der festen Ueberzeugung, dass wir im Zuge der inneren politischen und religiösen Vereinheitlichung von der Bildfläche verschwinden müssen, wenn erst Deutschland seine äusseren Schwierigkeiten überwunden hat."[238]

Am 3. Mai 1937 kam der nun der Überwachung unterliegende Antwortbrief an die Adresse von Troll in Frankfurt am Main: „Mein lieber Freund Albert! [...] Ich habe mich wirklich gefreut [...] und auch über die Nachricht, wie schön und friedlich[239] alles ist und im Heimatland jetzt wieder alles vorwärtz[240] geht."[241] Dass dieser Brief kein Selbstzeugnis war, ergibt sich aus dem Kontext. Diese Antwort suggerierte, dass sich Troll zuvor über die Verhältnisse in Deutschland nur positiv geäußert hätte. Es handelte sich damit um codierte Botschaften, die sich in das Bild der immer wiederkehrenden phrasenhaften Schilderungen einpassten.

Es versteht sich von selbst, dass ein von Schlaphoff am 14. Oktober 1937 verfasster Brief an Fritz Bischoff und Albert Troll ebenso potemkinsche Dörfer malte und Systemkonformität leitender Funktionäre der Kirche vorspiegelte: „[Auch der südafrikanische Apostel Robert Ernest John] De Vries [1896–1952] hat sich erstaunt [gezeigt] über den kolossalen Unterschied zwischen Deutschland und England. In Deutschland Ordnung und gute Strassen und keine Bettler, während in England die furchtbar schmutzigen Strassen, die kolossale Armut in der Arbeiterklasse, sehr viel Bettelei in den Strassen, und Verkrüppelte in Nöten, die betteln müssen." Und wie überzeugend ist da die Bemerkung von Fritz Bischoff am 8. Dezember 1937: „Dass wir in unseren Gottesdiensten, in der Verkündung der Lehre und in unserem Gemeindeleben keinerlei Einschränkungen unterworfen sind, weisst Du ja selbst und hast es mit eigenen Augen gesehen."[242]

---

238 Ebd., Troll an Schlaphoff, 31.03.1937.
239 Im Original steht „freidlich".
240 Vorwärts.
241 Ebd., Schlaphoff an Troll, 03.05.1937.
242 Ebd., Schlaphoff an Fritz Bischoff, 14.10.1937.

Abb. 23: „Überwachter" Brief von Heinrich Franz Schlaphoff an Albert Troll und Antwort nach Frankfurt am Main auf dessen regimekritisches Schreiben aus Südamerika nach Südafrika. ANAKI, AL0117, Korrespondenz H. F. Schlaphoff mit Europa, 1929–1944, Troll an Schlaphoff, 03.05.1937.

3.Mai   7.

A Troll,
Sophienstr. 75,
Frankfurt a. Main, West 13,
Germany.

Mein lieber Freund Albert!

Meinen herzlichen Dank für Deinen lb.Brief vom 31.März. Ich habe mich wirklich gefreut um mal wieder etwas von euch zu hören und auch über die Nachricht wie schön und freidlich alles ist und im Heimatland jetzt wieder alles vorwärtz geht. Es ist ganz enders wie der ausländischen Zeitungen berichten.

Gesundheitlich geht es uns allen gut und an Arbeit fehlt es uns nicht. Das Werk macht sehr grosse Fortschritte hier im Lande, sowie auch in ganz Süd-Amerika. Nun habe ich den lb.Bezirks Ältesten Arne Abicht von Paraguay hier, der dann nachher nach Australien geht um unsern lb.Freund Dietz zu helfen. Nun wie Du weisst habe ich eine grosse Reise vor und fahre dann am 2.Juni hier ab, zusammen mit Joey und Herrn De Vries. Viel kann ich Dir nicht schreiben, da ich sehr fleissig bin um meine Arbeit fertig zu machen und werde Dir dann später weiteres mitteilen über die Reise. Hoffentlich geht es allen unsern lb.Kolegen dort gut sammt ihren lb.Familien. Nun seid erstmal alle herzlich gegrüst und auf ein fröhliches Wiedersehen, von euerm euch

liebhabenden,

In den Rundbriefen des Kirchenleiters wird die Entwicklung der Mitglieder selten erwähnt.[243] Er verfasste zwischen 1933 und 1943 insgesamt knapp 700 Dokumente als Rundschreiben, wobei manche Schreiben doppelt sind oder auch inhaltliche Überschneidungen bestehen. 1933, 1934 und 1935 sind es jeweils 88 Dokumente, 1936 91, 1937 85, 1938 119, 1939 91, 1940 30, 1941 noch drei, 1942 nur noch ein Schreiben und 1943 drei Rundschreiben. Jedenfalls: Am 22. Januar 1934 riet J. G. Bischoff, „vorerst keine neuen Gemeinden zu gründen", gestattete jedoch Ausnahmen. Ebenso wollte er auf eine „Statistik an die Vorsteher oder eine Bekanntmachung derselben" verzichten. Nur die Apostel sollten das Gesamtergebnis erhalten. Offensichtlich war das Datenmaterial aus Sicht der Kirchenleitung vielleicht angesichts der bis 1934 stattgefundenen Zunahme der Kirchenmitglieder für eine breite Zugänglichkeit zu problematisch.

Am 1. Oktober 1934 äußerte er sich hinsichtlich der Mitgliederstatistik so, dass er nicht mehr mit einem „grösseren Zuwachs" rechne und riet dazu, alle „Personen, die schon längere Zeit die Gottesdienste nicht mehr besuchen", zu kontaktieren und sie zu fragen, ob sie weiterhin „Mitglied der Neuapostolischen Gemeinde" bleiben wollten. Was war der Grund für diese Maßnahme, die zu einer Reduzierung der Zahl der Mitglieder führen musste? Erwartungsgemäß gibt dieses oder andere Rundschreiben keinerlei Aufschluss über die zugrunde liegenden Intentionen. Vielleicht handelte es sich um eine Überreaktion auf die inzwischen stattgefundenen Maßnahmen durch die NS-Behörden.

Aus einem Rundschreiben vom 4. April 1938 geht hervor, dass von der Kirche Mitgliederverzeichnisse verlangt wurden. Bischoff verwies auf einen Unterbezirk, in dem Mitgliederverzeichnisse von mehreren tausend Mitgliedern innerhalb von zwei Wochen eingereicht werden mussten.[244] Wenige Wochen später, am 28. April 1938, erging die Aufforderung, allgemein Abschriften von Mitgliederverzeichnissen anzulegen und eine Ausfertigung auch in Frankfurt am Main, dem Sitz der Kirche, zu depo-

---

243 Diese Rundschreiben liegen im ANAKI, AL0103, Rundschreiben J.G. Bischoff, 1932–1960 liegen auch für die Zeit des Nationalsozialismus vom 13.02.1933 bis zum 28.10.1943 vor. Im Folgenden wird auf Einzelnachweise bei den Rundschreiben verzichtet, da das Datum im Textkorpus angegeben wird.

244 Auch in diesem Fall bleibt offen, um welchen Bezirk es sich handelte.

nieren. Offensichtlich bestand die große Sorge, dass die Kirchenbücher ausgehändigt werden mussten. All dies bewog Bischoff dazu, am 17. Oktober 1941 folgende Empfehlung auszusprechen „Zum 31. Dezember 1941 brauchen mir die Apostel – ebenso wie vergangenes Jahr – keine Mitglieder-Verzeichnisse einzusenden." Welche Motivation hinter dieser Aufforderung stand, ist schwer nachvollziehbar, weil Mitgliederverzeichnisse bis einschließlich 1942 erstellt wurden. Wurden die Daten für die Mitgliederverzeichnisse dann persönlich überreicht oder konspirativ übermittelt? Auch hier kann mangels weiterer Akten über den Grund der Anordnung bestenfalls spekuliert werden.

Der briefliche Nachlass von Schlaphoff bietet wenig mehr Informationen zu der Mitgliederentwicklung aus der Wahrnehmung der deutschen Apostel. Offensichtlich war jeder der Korrespondenten bestrebt, mit dem in Südafrika wirkenden „Stammapostelhelfer" in Kontakt zu treten. Schlaphoff verkörperte wohl das Fenster zu einer internationalen Welt. In Bezug auf die Mitgliederentwicklung berichtete der Frankfurter Bezirksapostel Emil Buchner am 10. Dezember 1935, dass „in diesem Jahre etwa 850 vers[iegelt wurden] gegenüber 1.800 bis 2.000 in früheren Jahren." Doch dann fügte er hinzu: „Wenn Du nun nach drei Jahren Deines letzten Hierseins wieder unser neues Deutschland sehen wirst unter der Führung unseres verehrten Adolf Hitler, dann wirst Du sicher staunen. Ich kann Dir nicht hier alles aufzählen, was neu geworden ist, das würde zu weit führen, das wirst Du auch selbst sehen."[245] War dieser letzte Satz Ausdruck einer tiefen Überzeugung, dass alles besser geworden sei, einer ambivalenten Haltung oder aber eine codierte Aussage des Tatbestandes, dass die Gewinnung neuer Mitglieder aufgrund der massiven Einschränkungen durch das Regime stark zurückgegangen war? Am 21. Februar 1936 bemerkte Apostel Johannes Friedrich Lembke (1877–1949) an Schlaphoff fast bedauernd, dass man an dem großen Erfolg des Mitgliederzuwachses in Südafrika und Südamerika freudig Anteil nehme und daraus ersehe, dass der „liebe Gott Euch besonders segnet."[246]

---

245 ANAKI, AL0117, Korrespondenz H.F. Schlaphoff mit Europa, 1929–1944, Buchner an Schlaphoff, 10.12.1935.
246 Ebd., Lembke an Schlaphoff, 21.02.1936.

Auch Apostel Karl Hartmann (1873–1950) aus Karlsruhe klagte über den nachlassenden Zuwachs. Am 24. November 1934 bedauerte er, dass die Anzahl der neuen Mitglieder „kaum die Hälfte" des „Resultats" vom vergangenen Jahr ergeben würde. Bedauernd meinte er: „Wir müssen uns damit trösten, daß wir eben die guten Jahre gehabt haben." Immerhin würden dennoch weitere Seelen hinzukommen. Dann folgte auch bei Hartmann der „Werbeblock" an das Regime: „Was alles Unwahres über Deutschland geschrieben wird, ist unerhört. Dagegen wird wieder gearbeitet. Die stumme Verzweiflung ist gewichen und die Hoffnung ist bei Millionen von Deutschen wieder eingekehrt. Jeder weiß, daß es seine Zeit braucht, bis die Besserung sich durchsetzt, doch ist das Vertrauen zum Führer nach wie vor unbegrenzt. Glauben Sie also ja nicht die Schauermärchen, die von den feigen Emigranten über Deutschland verbreitet werden."[247] Es ist derselbe Hartmann, der sich seit Januar 1934 mehrere Wochen mit der Tatsache auseinandersetzen musste, dass zwei Priester der Gemeinde Blaubach in der Pfalz aus dem Gottesdienst heraus verhaftet worden waren und der am 10. Februar 1934 einen Brief an den Bevollmächtigten für das Bezirksamt Kusel verfasste. Darin drückte er seine „Verwunderung" darüber aus, dass „man zwei unbescholtene Männer zwei Tage lang in Schutzhaft nimmt." Es ist nun bezeichnend, welches Dokument er diesem Schreiben beilegte: Die mehrfach zitierte Schrift „Die Neuapostolische Gemeinde im Dritten Reich". Schon am 3. Februar 1934 hatte er sich in dieser Sache an die Kreisregierung in Speyer gewandt. Die Kammer des Innern der Regierung der Pfalz zeigte sich von den Beschwerdeschreiben Karl Hartmanns jedoch wenig beeindruckt. Sie betonte in einem Antwortschreiben vom 5. April 1934, dass die Maßnahmen der „Aufrechterhaltung der Ruhe und Ordnung" dienten.[248] Bezeichnete Karl Hartmann diese Entwicklungen tatsächlich mit einer „Hoffnung" von „Millionen von Deutschen" an Menschen? Oder glaubte er doch daran, dass es sich hier um einen Einzelfall gehandelt hatte?

Am 8. März 1935 äußerte er sich erneut über die Entwicklung der Mitgliederzahlen in seinem Bezirk: „Wir haben den Zugang der Jahre

---

247 Ebd., Hartmann an Schlaphoff, 24.11.1934.
248 BayHStA, Reichsstatthalter, Nr. 638: Sektenwesen, Freireligiöse, neue Religionsbestrebungen, Freimaurerei, 1934–1941, 23631/29131.

1932 und 1933 längst nicht erreicht im letzten Jahre. Bei mir sind es eben noch über 1.000 Seelen gewesen, genau 1.012 Seelen gegen 1.800 im Jahre 1933.[249] Die Verhältnisse hier im Reiche bringen es mit sich." Aber wiederum wird diese Aussage konterkariert mit einem geradezu widersprüchlichen Zusatz: „Wir sind mit diesen Verhältnissen ja sonst sehr zufrieden. Es herrscht wieder Ordnung und Sauberkeit im öffentlichen Leben, die furchtbare Arbeitslosigkeit ist gewaltig zurückgegangen und Herr Hitler wird sein Versprechen bestimmt einlösen, innerhalb vier Jahren die Arbeitslosigkeit zu beseitigen."[250] Am 30. Juli 1935 bemerkte er geradezu euphemistisch: „Wir leben unsers Glaubens nach wie vor und sind daran in keiner Weise gehindert. Dagegen machen wir es uns auch zur Pflicht, die vom Führer erlassenen gesetzlichen Vorschriften streng einzuhalten."[251]

Völlig fragwürdig ist sein Brief vom 25. Februar 1936, als er folgende Zeilen verfasste: „Politisch betrachtet ist ja Deutschland eine Insel der Glückseligkeit, wenn man das Durcheinander in all den Ländern um uns her betrachtet. Dort ist Aufruhr und Unruhe, Kampf und Zwietracht der Parteien und Stände untereinander, verursacht und unterstützt von Moskau mit dem Ziele, die Weltrevolution herbeizuführen. Bei uns sind diese Elemente der Zerstörung endgültig ausgerottet. Jeder geht seiner Arbeit nach, Ruhe und Ordnung herrscht überall."[252]

Gleichwohl besteht kein Zweifel, dass viele scheinbar systemkonforme und sich dem System anbiedernde, in ihren Formulierungen schwer nachvollziehbare (Rund)Briefe einer Dechiffrierung bedürfen. Das zeigt gerade und in besonderer Weise der zitierte Briefwechsel zwischen Schlaphoff und Troll. Die euphorische Äußerung von Schlaphoff, dass in Deutschland wieder „alles vorwärts geht" war nichts Anderes als ein gegenüber der Zensur des NS-Staates hingeworfener Anbiederungsbrocken. Ohne Kenntnis des voraus gegangenen Schriftwechsels wäre seine Decodierung kaum gelungen.

---

249 Die offizielle Statistik weist für das Jahr 1934 einen Zuwachs von 702 Personen auf. 1933 betrug die Zunahme noch 2.085 Personen.
250 Ebd., Hartmann an Schlaphoff, 08.03.1935.
251 Ebd., Hartmann an Schlaphoff, 30.07.1935.
252 Ebd., Hartmann an Schlaphoff, 25.02.1936.

VII. Zusammenfassende Überlegungen

Zentrales Ziel der Abhandlung war es, eine Analyse der Mitgliederentwicklung der Neuapostolischen Kirche in der NS-Zeit vorzunehmen. Denn die Mitgliederentwicklung wurde in der einschlägigen Literatur zugleich als Indikator für die Situation der Kirche in der NS-Zeit bewertet. Das bislang unterstellte starke Mitgliederwachstum wurde dahingehend interpretiert, dass die Kirche keinerlei oder nur wenigen Restriktionen unterworfen war. Allerdings dekonstruieren sowohl die statistischen Daten der Kirche selbst als auch die Auswertung verschiedener staatlicher und weiterer kirchlichen Quellen das Narrativ einer dynamischen Mitgliederentwicklung der Neuapostolischen Kirche in der NS-Zeit. Dieser Befund trifft auf die Makroebene im gesamten Deutschen Reich zu. Zwar wuchs die Anzahl der Mitglieder in den ersten Jahren der NS-Herrschaft noch, doch 1936 war die Bilanz zwischen Ein- und Austritten fast ausgeglichen. Von 1938 bis 1942, dem letzten Jahr mit statistischen Erhebungen bis nach dem Weltkrieg, war die Bilanz durchgängig negativ, allerdings kriegsbedingt mit abnehmender Tendenz. In Zahlen ausgedrückt, gab es 1935 253.928 und 1942 250.209 Mitglieder. Werden die Mitgliederdaten von 1933 aus Ausgangswert genommen, wuchs die Kirche um 8.499 Mitglieder im Deutschen Reich, wobei es wegen der 1933 noch nicht erfassten Mitgliederzahlen des Saarlandes tatsächlich deutlich weniger waren. Dieses Wachstum war insbesondere eine Folge optimaler demographischer Parameter. In der Bilanz von Ein- und Austritten verlor die Neuapostolische Kirche zwischen 1934 bis 1942 8.137 Mitglieder.

Selbst im wachstumsstarken Württemberg gab es nur noch ein geringes Wachstum. Dieser Raum wurde wegen seiner starken Mitgliederentwicklung vor der NS-Zeit einer genaueren Analyse im Sinne der Fragestellungen unterzogen. Die regionalen Ergebnisse bestätigen trotz gewisser Abweichungen das gewonnene Bild auf der Makroebene. Auch auf der Mikroebene der einzelnen Gemeinden spiegeln sich diese Erkenntnisse. Dabei gibt es erwartungsgemäß Ausnahmen bei verschiedenen Gemeinden, wie etwa im württembergischen Vöhringen. In dieser Gemeinde setzte sich das Wachstum bis einschließlich 1935 deutlich fort, um erst danach einzubrechen. Schließlich unterstützt ein Vergleich mit der statistischen Entwicklung der Mitglieder in der Schweiz die Sonderentwicklung der Kirche im Deutschen Reich in der NS-Zeit. Denn bis zur „Machtergreifung" verlief die Entwicklung in beiden Staaten weitgehend kongruent. Erst nach 1933 zeigten sich erhebliche Disparitäten, indem sich das starke Wachstum in der Schweiz fortsetzte und sich im Deutschen Reich dramatisch verlangsamte.

Das bisherige Geschichtsbild über die NAK wurde von der Rezeption der Quellen des NS-Staates bestimmt; deren inhaltliche Integrität wurde nicht angezweifelt. Doch auch ohne die offizielle Mitgliederstatistik wäre zumindest eine Annäherung an die Mitgliederentwicklung möglich gewesen, indem neue Forschungsergebnisse ausgewertet worden wären.[253] Zudem unterblieb nicht selten das für die Geschichtswissenschaft selbstverständliche Hinterfragen von Quellen eines diktatorischen Regimes, deren Verfasser sich vorgegebenen Zielen und Strategien verpflichtet sahen und diese bewusst verfolgten. So stellt der „Kronzeugencharakter" des „Leitheftes" von 1937 im Hinblick auf die darin postulierte Mitgliederentwicklung ein Konstrukt dar, um die von der „Sekte" vermeintlich ausgehende Gefahr zu erhöhen.

So beruhen einzelne Abhandlungen über die Mitgliederentwicklung weitgehend auf autoreferentiellen Interpretationen. Selbst offiziöse Publikationen der Kirche haben einen wesentlichen Anteil am Wachstumsmythos in der NS-Zeit. Zudem ist ein ausschließlicher Vergleich der Zahlen zwischen 1925 und 1948 wenig zielführend. Damit wird ein dynamisches Wachstum in der Zeit des Nationalsozialismus suggeriert, das im Wesentlichen bis 1933/34 und nach dem Zweiten Weltkrieg stattgefunden hat. Jedenfalls: Das vielfach postulierte „starke Wachstum" der Kirche in der NS-Zeit mit bis zu angeblich 100.000 mehr Mitgliedern erweist sich als „Meistererzählung", deren Decodierung – und hier sei der Terminus im Titel des Buches wieder aufgegriffen – anhand zahlreicher Quellen nachgewiesen werden konnte.

Auch die Rundschreiben des Kirchenleiters sowie die Korrespondenz von Schlaphoff bedürfen einer gründlichen hermeneutischen Einordnung.

---

253 Siehe etwa Liese, Verboten, geduldet, verfolgt, S. 73.

Sie zeigen mitunter den Charakter einer codierten, semiotischen und nicht selten sich dem Regime anbiedernden Sprache. Aber auch hier stellt sich die Frage, welchen Grad an Authentizität sie verkörperten, da sie ja im Wissen einer stattfindenden Überwachung verfasst wurden. Konnte sie von den Lesern und Korrespondenten hinsichtlich ihrer Semiotik und Semantik decodiert werden? Jedenfalls ist die Diskrepanz zu der Korrespondenz, die das Deutsche Reich nicht tangierte, bemerkenswert. Diese Briefe zeigen einen anderen Wahrnehmungshorizont des Regimes im Umfeld der Kirchenleitung. Hinsichtlich der Mitgliederentwicklung zeugen sowohl die Rundschreiben als auch die Korrespondenz von einer stark retardierten Mitgliederentwicklung in der NS-Zeit und ergänzen so das durch die Statistiken untermauerte Bild.

VIII. Anhang

1. Statistische Angaben

Tabelle 1: Statistische Entwicklung der Mitgliederzahl, der Versiegelungen, Taufen sowie des daraus resultierenden exogenen Wachstums, der Austritte und der Bilanz aus Eintritten und Austritten zwischen 1926 und 1955 in Deutschland. Quelle: ANAKI, AL0133, Mitglieder-Statistik, 1926–1955.

Jahr	Mitglieder in Deutschland, jeweils am 31.12.	Versiegelungen	Taufen	„Exogenes Wachstum" (Eintritte)	Austritte	Bilanz
1926	144.329	14.853	2.740	12.113	1.695	10.418
1927	156.491	15.561	2.773	12.788	1.935	10.853
1928	167.293	15.402	2.971	12.431	2.903	9.528
1929	174.626	14.139	3.056	11.083	4.612	6.471
1930	198.824	19.984	3.234	16.750	3.887	12.863
1931	205.798	22.108	3.214	18.894	3.546	15.348
1932	225.456	25.379	3.389	21.990	3.967	18.023
1933	241.710[254]	22.968	3.835	19.133	4.229	14.864
1934	245.729[255]	12.727	4.308	8.419	7.069	1.350
1935	253.928	11.386	4.634	6.752	4.420	2.332
1936	256.076	8.248	4.423	3.825	3.303	522
1937	257.561	8.111	4.195	3.916	3.703	213
1938	251.728	7.035	4.281	2.754	8.701	-5.947
1939	250.161[256]	5.491	4.219	1.200	4.568	-3.368

---

254 Daten ohne die Zahlen des Saarlandes (3.324 Mitglieder), aber mit Danzig und hinzu gekommenen Gemeinden aus Südbaden, die zuvor zum Apostelbezirk Schweiz gehörten.

255 Hier liegt ein statistischer Bruch vor, da am 1. Januar 1934 242.586 Mitglieder angegeben wurden, obwohl am 31.12.1933 das Jahr mit 241.710 beendet wurde. Vermutlich liegt dies an hinzu gekommenen Ältestenbezirken.

256 Hier sind jetzt die zum Apostelbezirk Leipzig gekommenen 770 Mitglieder aus dem neu hinzu gekommenen Bezirk Wien enthalten.

Jahr	Mitglieder in Deutschland, jeweils am 31.12.	Versiegelungen	Taufen	„Exogenes Wachstum" (Eintritte)	Austritte	Bilanz
1940	252.862	5.485	4.189	1.296	2.982	-1.686
1941	251.102	5.495	3.974	1.521	2.758	-1.237
1942	250.209	5.014	3.397	1.617	1.933	-316
1943–1946	Keine oder unvollständige Angaben					
1947	231.898	14.279	3.549	10.730	1.675	9.055
1948	251.750	21.793	4.111	17.682	2.381	15.301
1949	271.139	25.343	4.706	20.637	1.660	18.977
1950	294.529	27.759	5.049	22.710	2.053	20.657
1951	312.832	25.694	5.383	20.311	3.088	17.223
1952	334.113	27.581	5.678	21.903	2.603	19.300
1953	347.578	24.528	5.813	18.715	3.312	15.403
1954	361.560	24.412	5.948	18.464	3.385	15.079
1955	365.105	20.448	5.692	14.756	10.507[257]	4.249

Tabelle 2: Statistische Entwicklung der Mitgliederzahl, der Versiegelungen, Taufen sowie des daraus resultierenden exogenen Wachstums, der Austritte und der Bilanz aus Eintritten und Austritten zwischen 1926 und 1955 im Apostelbezirk Heilbronn, ab 1949 Stuttgart. Quelle: ANAKI, AL0133, Mitglieder-Statistik, 1926–1955.

Jahr	Mitglieder im Apostelbezirk Heilbronn (ab 1.1.1949 Stuttgart), jeweils am 31.12.	Versiegelungen	Taufen	„Exogenes Wachstum" (Eintritte)	Austritte	Bilanz
1926	18.517	2.088	309	1.779	105	1.674
1927	20.353	2.129	343	1.786	120	1.666
1928	22.141	2.137	362	1.775	155	1.620
1929	23.619	2.258	386	1.872	550	1.322

---

257 Abspaltung der Apostolischen Gemeinschaft; Gründung am 24. Januar 1955.

Jahr	Mitglieder im Apostelbezirk Heilbronn (ab 1.1.1949 Stuttgart), jeweils am 31.12.	Versiegelungen	Taufen	„Exogenes Wachstum" (Eintritte)	Austritte	Bilanz
1930	26.222	2.938	395	2.543	203	2.340
1931	29.188	3.348	401	2.947	220	2.727
1932	32.841	4.064	432	3.632	220	3.412
1933	35.375	3.314	475	2.839	449	2.390
1934	35.586	1.326	500	826	895	-69
1935	36.483	1.341	622	719	226	493
1936	36.657	646	523	123	269	-146
1937	37.542	1.405	602	803	292	511
1938	37.182	1.111	599	512	1.189	-677
1939	38.369	1.053	676	377	351	26
1940	38.958	1.051	696	355	191	164
1941	39.322	1.017	642	375	269	106
1942	39.616	1.017	563	454	221	233
1943–1945	Keine Angaben					
1946	41.174	2.020	627	1.393	125	1.268
1947	44.554	3.269	724	2.545	115	2.430
1948	48.578	4.157	779	3.378	131	3.247
1949	52.703	4.354	838	3.616	173	3.443
1950	57.479	5.080	922	4.158	145	4.013
1951	63.161	5.222	973	4.249	186	4.063
1952	55.633[258]	3.889	839	3.050	134	2.916
1953	58.054	3.195	857	2.338	394	1.944
1954	60.588	3.330	947	2.383	308	2.075
1955	62.515	2.593	889	1.704	256	1.448

---

258 Abnahme der Mitgliederzahlen, da der vorher zum Apostelbezirk Stuttgart gehörende Apostelbezirk München 1952 neu etabliert wurde.

Tabelle 3: Statistische Entwicklung der Mitgliederzahl, der Versiegelungen, Taufen sowie des daraus resultierenden exogenen Wachstums, der Austritte und der Bilanz aus Eintritten und Austritten zwischen 1926 und 1955 im Apostelbezirk Schweiz. Quelle: ANAKI, AL0133, Mitglieder-Statistik, 1926–1955, Archiv der Neuapostolischen Kirche der Schweiz (ANAK CH), (1939–1947), o. Sign.

Jahr	(Versiegelte) Mitglieder im Apostelbezirk Schweiz, jeweils am 31.12.	Versiegelungen	Taufen	„Exogenes Wachstum" (Eintritte)	Austritte	Bilanz
1926	12.041	1344	236	1108	164	944
1927	12.752	1488	255	1233	170	1063
1928	13.899	1539	232	1307	207	1100
1929	14.918	1376	246	1130	210	920
1930	16.354	1763	290	1473	223	1250
1931	17.967	2024	291	1733	336	1397
1932	20.157	2558	312	2246	256	1990
1933	17.801[259]	1842	303	1539	254	1285
1934	22.996	2124	336	1788	148	1640
1935	20.779	1967	304	1663	295	1368
1936	22.457	2319	332	1987	402	1585
1937	24.095	2224	343	1881	407	1474
1938	25.624	2243	365	1878	403	1475
1939	25.658	1696	333	1363	580	783
1940	21.986[260]	1238	297	941	278	663
1941	22.895	1596	398	1198	395	803
1942	23.541	1450	425	1025	514	511
1943	24.225	1225	436	789	330	459
1944	24.835	1188	454	734	335	399

---

259 In der Statistik wurde vermerkt: „Schweiz (einschließlich Österreich und Frankreich)". Die Abnahme der Mitgliederzahl erklärt sich wohl dadurch, dass südbadische Gemeinden zum Apostelbezirk Karlsruhe kamen. Die organisatorischen Änderungen äußern sich auch insofern als statistischer Bruch, indem für den 01.01.1934 wiederum 21.125 Mitglieder angegeben wurden.

260 Verlust durch den Wegfall der französischen Bezirke

Jahr	(Versiegelte) Mitglieder im Apostelbezirk Schweiz, jeweils am 31.12.	Versiegelungen	Taufen	„Exogenes Wachstum" (Eintritte)	Austritte	Bilanz
1945	29.408[261]	1322	535	787	362	425
1946	30.196	1337	546	791	302	489
1947	31.214	1527	569	958	257	701
1948	33.611	1858	594	1264	265	999
1949	38.816[262]	1958	699	1259	295	964
1950	36.213	2169	614	1555	438	1117
1951	31.073[263]	1399	483	916	518	398
1952	32.191	1822	555	1267	518	749
1953	33.034	1936	561	1375	823	552
1954	33.124	1684	525	1159	1314	-155
1955	33.854	1777	565	1212	776	436

Tabelle 4: Mitgliederwachstum in Deutschland sowie ausgewählten Apostelbezirken mit hohem Wachstum zwischen 1926 und 1932. Quelle: ANAKI, AL0133, Mitglieder-Statistik, 1926 und 1932.

Jahr	Deutschland	Apostelbezirk Heilbronn	Apostelbezirk Braunschweig	Apostelbezirk Düsseldorf	Apostelbezirk Hamburg	Apostelbezirk Königsberg
1926	144.239	18.517	15.094	23.809	8.783	11.372
1932	225.456	32.841	20.218	34.083	15.221	19.082
Wachstum auf (in Prozent)	156[264]	177	134	143	173	167

---

261 Starke Zunahme, da die französischen Bezirke sowie Luxemburg wieder zum Apostelbezirk Schweiz kamen.

262 Die starke Zunahme ergibt sich dadurch, dass laut Beschluss vom 04.02.1949 die saarländischen Bezirke Saarbrücken und Klarenthal mit 3.791 Mitgliedern vom Bezirk Frankfurt am Main abgetrennt und der Schweiz angeschlossen wurden.

263 Die Abnahme ergibt sich dadurch, dass die Mitglieder der Bezirke Frankreich und Saarland wiederum abgezogen wurden, die 1951 selbständig wurden.

264 Die Werte sind auf- oder abgerundet.

Tabelle 5: Religionsgemeinschaften in Berlin 1933–1938, Entwicklung der Mitgliederzahlen. Quelle: Zipfel, Friedrich: Kirchenkampf in Deutschland 1933–1945. Religionsverfolgung und Selbstbehauptung der Kirchen in der nationalsozialistischen Zeit. Berlin 1965, S. 23.

	1933	1934	1935	1936	1937	1938
Neuapostolische Kirche	15.435	15.624	15.705	15.684	16.062	15.599
Baptisten[265]	8.700	8.658	8.917	9.022	9.245	9.321
Adventisten[266]	2.501	2.359	2.328	2.266	2.273	2.254
Methodisten	1.735	2.045	2.045	2.073	2.085	2.057

Tabelle 6: Mitgliederentwicklung der Evangelischen, Katholischen und Neuapostolischen Kirche im Vergleich, 1933 und 1939. 1933 = 100 Prozent. Quelle: Petzina, Dietmar; Abelshauser, Werner; Faust, Anselm: Sozialgeschichtliches Arbeitsbuch, Band III. Materialien zur Statistik des Deutschen Reiches 1914–1945. München 1978, S. 31; http://www.verwaltungsgeschichte.de/land_wuerttemberg.html#bevoelkerung (23.09.2016); ANAKI, AL0133, Mitglieder-Statistik, 1933, 1939.

	Deutsches Reich			Württemberg (NAK: Apostelbezirk Heilbronn)		
Jahr	1933	1939[267]	Zunahme (Prozent)	1933	1939	Zunahme (Prozent)
Evangelische Kirche	40.865.000 [268]	42.103.000	103	1.811.797	1.836.405	101
Katholische Kirche	21.172.000	23.024.000	109	839.678	943.151	112
Neuapostolische Kirche	241.710	250.161	103	35.375	38.369	108

---

265 Nur Erwachsene.
266 Nur Erwachsene.
267 Gebietsstand 31.12.1937.
268 Zahlen bei der Evangelischen und Katholischen Kirche für das Deutsche Reich auf-/abgerundet.

Tabelle 7: Austritte aus der Evangelischen Landeskirche Württemberg und Eintritte in andere Religionsgemeinschaften. Quelle: Haller, J[osef]: Die evangelische Kirche Württembergs in ihrer Entwicklung während des letzten halben Jahrhunderts auf Grund der kirchlichen Statistik. In: Blätter für württembergische Kirchengeschichte, 43. Jg. 1939, S. 28–66, hier S. 50 f.

Jahr	Gesamt-zahl Austritte	Adven-tisten	Bap-tisten	Ernste Bibel-forscher	Metho-disten	Neuaposto-lische Kirche	Summe	Rest
1919	428	87	7	84	70	118	366	62
1920	813	106	16	114	94	363	693	120
1921	1115	78	30	164	143	562	977	138
1922	1148	k. A.						
1923	1117	k. A.						
1924	3229	62	8	248	202	2443	2963	266
1925	2394	42	21	202	208	1276	1749	645
1926	1853	68	12	101	158	968	1307	546
1927	1441	61	16	52	74	856	1059	382
1928	1560	36	15	35	64	893	1043	517
1929	1765	44	13	38	178	958	1231	534
1930	1797	23	20	36	155	1209	1443	354
1931	1847	29	31	68	110	1228	1466	381
1932	2374	30	29	191	155	1543	1948	426
1933	1725	31	32	171	90	1093	1417	307
1934	522	11	14	27	52	218	322	200
1935	639	14	10	13	54	313	404	235
1936	790	20	19	0	54	381	474	316
1937	1227	12	12	0	79	422	525	702

Tabelle 8: Taufen und Sterbefälle 1926 bis 1955 im Apostelbezirk Heilbronn (ab 1.1.1949 Stuttgart) und in Deutschland. Quelle: ANAKI, AL0133, Mitglieder-Statistik, 1926–1955.

Jahr	Taufen Deutschland	Sterbefälle Deutschland	Geburtenüberschuss Deutschland	Taufen Apostelbezirk Heilbronn/ Stuttgart	Sterbefälle Apostelbezirk Heilbronn/ Stuttgart	Geburtenüberschuss Apostelbezirk Heilbronn/ Stuttgart
1926	2740	1118	1622	309	117	192
1927	2773	1305	1468	343	127	216
1928	3071	1268	1803	362	165	197
1929	3056	1604	1452	386	170	216
1930	3234	1390	1844	395	161	234
1931	3214	1569	1645	401	176	225
1932	3389	1752	1637	432	212	220
1933[269]	3835	1882	1953	475	243	232
1934	4308	2071	2237	500	275	225
1935	4634	2216	2418	622	297	325
1936	4423	2235	2188	523	252	271
1937	4195	2346	1849	602	274	328
1938	4281	2417	1864	599	282	317
1939	4219	2605	1614	676	363	313
1940	4189	2750	1439	696	369	327
1941	3974	3270	704	642	486	156
1942	3397	3631	-234	563	530	33
1943[270]	–	–	–	–	–	–
1944	–	–	–	–	–	–
1945	–	–	–	–	–	–
1946	–	–	–	627	465	162
1947	3549	2986	563	724	428	296
1948	4111	2790	1321	779	420	359

---

269 Mit dem Saargebiet.
270 Von 1943 bis 1946 liegen keine oder unvollständige Daten vor.

Jahr	Taufen Deutsch-land	Sterbe-fälle Deutsch-land	Geburten-überschuss Deutsch-land	Taufen Apostel-bezirk Heilbronn/ Stuttgart	Sterbefälle Apostel-bezirk Heilbronn/ Stuttgart	Geburten-überschuss Apostel-bezirk Heilbronn/ Stuttgart
1949[271]	4706	2811	1895	838	433	405
1950	5049	2917	2132	922	480	442
1951	5383	3207	2176	973	497	476
1952	5678	3359	2319	839	493	346
1953	5813	3748	2065	857	573	284
1954	5948	3761	2187	947	528	419
1955	5692	3722	1970	889	523	366

271 Ohne das Saargebiet, das vom Apostelbezirk Frankfurt am Main an den Apos-telbezirk Schweiz kam.

2. Verzeichnis der archivalischen Quellen[272]

Archiv der Neuapostolischen Kirche der Schweiz (ANAK CH), Zürich
Mitglieder-Statistik, 1939–1947.[273]

Archiv der Neuapostolischen Kirche International (ANAKI), Zürich
AL0133, Mitglieder-Statistik, 1919–1974.

AL0103, Rundschreiben J. G. Bischoff, 1932–1960.

AL0104, Rundschreiben E. Buchner, 1937–1939.

AL0117, Korrespondenz H.F. Schlaphoff mit Europa, 1929–1944.

AL0138, Adressbücher der Apostolischen Gemeinden, 1905–1950.

Archiv der neuapostolischen Gemeinde Eningen unter Achalm
Kirchenbücher

Archiv der neuapostolischen Gemeinde Heilbronn-Pfühl
Kirchenbücher

Archiv der neuapostolischen Gemeinde Neckarsulm
Dienstnotizen, 22.10.1931–06.10.1948.

Archiv der neuapostolischen Gemeinde Pfullingen
Kirchenbücher

Archiv der neuapostolischen Gemeinde Sonnenbühl
Kirchenbücher der Gemeinde Undingen

Bayerisches Hauptstaatsarchiv, München (BayHStA)
Reichsstatthalter, Nr. 638: Sektenwesen, Freireligiöse, neue Religionsbestrebungen, Freimaurerei, 1934–1941.

Bundesarchiv (BArch), Benutzungsort Berlin-Lichterfelde
R 58 Reichssicherheitshauptamt
R 58/230, Reichssicherheitshauptamt, Leitheft über die Neuapostolische
Gemeinde e. V., Mai 1937.

---

272 Hier ist nicht die Gesamtheit der recherchierten Quellen aufgelistet, sondern
die für diese Monografie verwendeten Quellen. In diesem Verzeichnis werden
die Titel der Faszikel benannt, während die Fußnoten im Textkorpus nach
Möglichkeit die einzelne Quelle mit dem jeweiligen Datum benennen.

273 Die Auswahl dieser Jahre beruht darauf, dass die Daten aus der Schweiz in
der Gesamtstatistik im ANAKI fehlen.

R 58/779, Reichssicherheitshauptamt, „Die Gegner der politischen Polizei", Schulungsmaterial, ca. 1933–1942.

R 58/1074, Angelegenheiten der katholischen und der evangelischen Kirche, Sekten und Logen, Juden und Emigranten, Ein- und Ausbürgerung, Runderlasse, 1934–1943.

R 58/5557i, Überwachung und Verbot von Sekten, 1935–1937.

R 58/5633, Beobachtung der Tätigkeit nichtchristlicher Religionsgemeinschaften und Sekten, 1939–1944.

R 58/5661, Erfassung von Sekten, Freikirchen und evangelischen Gemeinschaften, 1935.

R 58/5691, Maßnahmen gegen Sekten, 1934–1939.

R 58/5697, Maßnahmen gegen Sekten und Freikirchen, 1934–1940.

R 58/5699, Beobachtung von Sekten und Freikirchen, 1934–1940.

R 58/5713, Beobachtung von Sekten, 1935–1940.

R 58/5803a, Bd. 69, Mai 1942, Maßnahmen gegen evangelische und katholische Geistliche sowie Mitglieder konfessioneller Sekten, Juden, 1942.

R 58/5803b, Bd. 70, Juni 1942, Maßnahmen gegen evangelische und katholische Geistliche sowie Mitglieder konfessioneller Sekten, Juden, 1942.

R 58/5866, Auflösung und Verbot christlicher Gemeinschaften, 1934–1938.

R 58/6427, Austritte aus der jüdischen Kultusgemeinschaft, sowie u. a. Erfassung der im Reichsgebiet bestehenden Bezirke der Neuapostolischen Kirche und ihrer Leiter (Verzeichnis), 1936, 1926–1939.

R 58/7492, Beobachtung konfessioneller Sekten, 1937–1944.

R 187, Sammlung Schumacher, Überwachung, Verbot und Auflösung von Religionsgemeinschaften, Sekten und Logen

R 187/267a, Bd. 2, 1933–1943.

R 1509, Reichssippenamt

R 1509/1555, Erfassung und Sicherung der Kirchenbücher von Sekten, 1935–1942.

R 5101, Reichsministerium für die kirchlichen Angelegenheiten

R 5101/23418, Bd. 3, Nov. 1922-Juni 1941, Neuapostolische Religionsgesellschaft, Satzungen, Adressbuch der Neuapostolischen Kirche 1934, Verfassungen einzelner Staaten, Grundstücksangelegenheiten, 1922–1941.

R 5101/23902, Statistik über Religionszugehörigkeit im Zusammenhang mit der Volkszählung vom 17. Mai 1939, Okt. 1939 – Aug. 1941.

R 5101/24123, Bd. 1 1940–1941 (1943), enthält auch Übersicht des Statistischen Reichsamtes über Kirchenaustritte im Deutschen Reich, 1936–1941.

Hauptstaatsarchiv Stuttgart (HStAS)

E 151/02 Bü 852, Gemeinschafts- und Sektenwesen, enthält u. a.: Übersicht über Freikirchen und Sekten; Auflösung und Verbote, 1934–1938.

E 151/02 Bü 853, Neuapostolische Gemeinde, 1908–1936.

Hessisches Staatsarchiv Darmstadt (HStAD)

G 12 B, 35/1–8, Rundschreiben des Hessischen Polizeiamts, später Geheimes Staatspolizeiamt bzw. der Staatspolizeistelle Darmstadt betr. kirchlich-religiöse Organisationen, 1933–1944.

G 15 Erbach Nr. 1001, Aufsicht über Religionsgemeinschaften und Sekten, 1818–1941.

G 15 Friedberg, Q 295, Verschiedene sicherheitspolizeiliche Angelegenheiten, meistens allgemeine Ausschreiben, 1932–1944.

G 15 Heppenheim M 1316, Religionsunterricht für Kinder der neuapostolischen Gemeinde in Lörzenbach, 1926–1934.

G 15 Lauterbach, 291, Religiöse Gemeinschaften und Sekten, 1823–1944.

G 28 A, 1957, Reichelsheim/Odenwald: Register über Kirchenaustritte aus der evangelischen und neuapostolischen Kirche, 1935–1963.

Kreisarchiv Calw (KA Calw)

Oberamt Calw, A 2 Bü 198, Sektenüberwachung durch die Verwaltung des NS-Staates, 1933–1938.

Kreisarchiv Göppingen (KA Göppingen)

C 3 228, Private Religionsgemeinschaften, Sekten, Allgemeines, Einzelfälle, 1933–1939.

C 3 230, Private Religionsgemeinschaften, Sekten, Allgemeines, Einzelfälle, 1933–1941.

Kreisarchiv Ravensburg (KA Ravensburg)

B.1.RV.1 Bü 421, Besondere religiöse Gemeinschaften und Sekten, 1933–1935.

Kreisarchiv Schwäbisch Hall (KA Schwäbisch Hall)

Oberamt Hall, A 1, Bü 480, Sekten, Separatisten, Methodisten, evangelische Gemeinschaften, Heilsarmee, auch religiöse Vorträge, Reiseprediger, Mormonen, Beobachtung, Auflösung, enthält verschiedene Mitgliederverzeichnisse, (1885), 1910–1939.

Landesarchiv Nordrhein-Westfalen (LAV NRW)

Abteilung Rheinland, RW 58, Gestapoleitstelle Düsseldorf, Nr. 435, 2052, 2643, 11270, 30011, 49064, 53849, 60246.

Landesarchiv Sachsen-Anhalt (LASA)

C 48 Ie, Nr. 1178, Konfessionsangelegenheiten: Katholische Kirche, Deutsche Glaubensbewegung, Sekten, 1934–1944.

C 50 Schweinitz, Teil I Nr. 2666, Verfolgung kirchlicher Organisationen und „Sekten" durch die Staatspolizei-Leitstelle in Halle, Bd. 1, 1934–1939.

C 50 Schweinitz, Teil I Nr. 2667, Verfolgung kirchlicher Organisationen und „Sekten" durch die Staatspolizei-Leitstelle in Halle, Bd. 2, 1936–1938.

C 50 Schweinitz, Teil I Nr. 2668, Verfolgung kirchlicher Organisationen und „Sekten" durch die Staatspolizeileitstelle Halle auf Anordnung des RSHA, 1940–1944.

Landesarchiv Speyer (LASp)

Bezirks- bzw. Landratsamt Kirchheimbolanden, H 37, Nr. 3191, Arbeit sonstiger Religionsgemeinschaften, 1933–1939.

Bezirks- bzw. Landratsamt Kirchheimbolanden, H 37, Nr. 3192, Bayerische Politische Polizei, 1935.

Bezirks- bzw. Landratsamt Pirmasens, H 42 Nr. 874, Sektenwesen (Deutschkatholiken, Baptisten, Mennoniten, Apostolische Gemeinde, Adventisten vom 7. Tage, Mormonen, Wißwässerianer, die Kirche „Jesu Christi der Heiligen der letzten Tage", freireligiöse Gemeinde, Heilsarmee, Bibelforscher etc.), 1890–1939.

Aufsicht auf Religionsgemeinschaften und Sekten, H 45 Nr. 5351, 1924–1949.

Landeskirchliches Archiv Stuttgart (LKAS)

Evangelischer Oberkirchenrat, A 126, Nr. 1240, Neuapostolische Kirche (Hauptakten), 1924–1953.

Evangelischer Oberkirchenrat, A 126, 1243, Neuapostolische Kirche (Einzelfälle), 1924–1953, S. 20.

Württembergische Kirchenleitung, Evangelischer Oberkirchenrat, A 129, Ortsakten (1924–1966), Vöhringen.

F Dekanatsarchive, Dekanatamt Balingen, A 1120, Verhältnis zu den Ernsten Bibelforschern (Russelsekte) und den Neuapostolischen, 1910–1933, 1952.

Niedersächsisches Landesarchiv, Aurich (NLA AU)

Rep. 16/1, Nr. 1023, Die Überwachung und Maßnahmen gegen Sekten und religiöse Gemeinschaften, 1935–1947.

Rep. 32, Nr. 1499, Überwachung von Sekten, 1935–1938.

Niedersächsisches Landesarchiv, Hannover (NLA HA)

Hann. 174 Alfeld, Nr. 39, Bekämpfung religiöser Sekten, 1938–1941.

Staatsarchiv Ludwigsburg (StAL)

EL 902/20 Bü 13882, Spruchkammerakten Dr. Immanuel Berthold Schairer.

Oberamt Besigheim, F 154 II Bü 4021, Sekten, Überwachung, 1934, 1935.

Oberamt Künzelsau, F 177 II Bü 311, Sekten, Allgemeines und Auflösung und Verbot einzelner Religionsgemeinschaften, 1933–1939.

Oberamt Maulbronn, F 183 II Bü 435, Sekten, 1864–1887, 1925–1938.

Amtsoberamt Stuttgart, F 202 II Bü 693, Sekten, 1902–1937.

Oberamt Vaihingen, F 209 II Bü 476, Sekten, 1926–1938

Oberamt Welzheim, F 214 II Bü 553, Sekten und religiöse Gemeinschaften, 1880–1934.

Staatsarchiv Sigmaringen (StAS)

Polizeidirektion Reutlingen, Wü 49/10 a T 1, Nr. 133, 1923–1946.

Landkreis Münsingen, Wü 65/20 T3 Nr. 3818, Erhebung über die Neu-Apostolischen Gemeinden in Münsingen, Mehrstetten, Laichingen und Kohlstetten, 1938.

Oberamt Nagold, Wü 65/21 T 3 498, Akten betr. Sekten (Gemeinschaften).

Oberamt Balingen, Wü 65/4 T 4 Nr. 1436, Sonstige Weltanschauungsgemeinschaften (Bibelforscher), 1925–1939.

Oberamt Neuenbürg, Wü 65/22 T 3 Nr. 1044a, Sekten, Separatisten, 1803–1937.

3. Verzeichnis der Literatur

Aly, Götz: Historische Demoskopie. In: Ders. (Hg.): Volkes Stimme. Skepsis und Führervertrauen im Nationalsozialismus. Frankfurt am Main 2006, S. 9–21.

Bauz, Ingrid; Brüggemann, Sigrid; Maier, Roland (Hg.): Die Geheime Staatspolizei in Württemberg und Hohenzollern. 2. durchges. Aufl. Stuttgart, 2013.

Bauz, Ingrid: Von der Politischen Polizei zur Gestapo – Brüche und Kontinuitäten. In: Bauz, Ingrid; Brüggemann, Sigrid; Maier, Roland (Hg.): Die Geheime Staatspolizei, S. 23–77

Becker, Frank: Protestantische Euphorien. 1870/71, 1914 und 1933. In: Nationalprotestantische Mentalitäten. Konturen, Entwicklungslinien und Umbrüche eines Weltbildes. Hg. v. Manfred Gailus und Hartmut Lehmann. Göttingen 2005, S. 19–44.

Blaschke, Olaf: Die Kirchen und der Nationalsozialismus. Stuttgart 2014.

Blickle, Peter: Die Reformation im Reich. Stuttgart [4]2015.

Boberach, Heinz: Berichte des SD und der Gestapo über Kirchen und Kirchenvolk in Deutschland 1934–1944. Mainz 1971.

Braach, Mile: Rückblende. Erinnerungen einer Neunzigjährigen. Frankfurt am Main 1992.

Braach, Mile; Forchhammer, Bergit: Ferne Nähe. Briefe und Erinnerungen 1939–1945. Frankfurt am Main 1997.

Brüggemann, Sigrid: 1. Die Zentrale: das „Hotel Silber". In: Bauz, Ingrid; Brüggemann, Sigrid; Maier, Roland (Hg.): Die Geheime Staatspolizei, S. 80–83.

Brüggemann, Sigrid: 5. Die Verfolgung katholischer und evangelischer Geistlicher. In: Bauz, Ingrid; Brüggemann, Sigrid; Maier, Roland (Hg.): Die Geheime Staatspolizei, S. 220–248.

Bunzel, Ulrich: Die nebenkirchlichen religiösen Gemeinschaften Schlesiens. Ihre geschichtliche Entwicklung und gegenwärtige Verbreitung. Sonderdruck aus dem Jahrbuch des Vereins für Schlesische Kirchengeschichte. Liegnitz 1936.

Das Evangelische Deutschland. Kirchliche Rundschau für das Gesamtgebiet der Deutschen Evangelischen Kirche, Nr. 37, 10.09.1933, S. 322.

Domarus, Max (Hg.): Hitler. Reden und Proklamationen 1932–1945. 2 Bde. Wiesbaden 1973.

Eberle, Mathias: Die Neuapostolische Kirche und der Nationalsozialismus – Skizze einer Aufarbeitung. Ein Forschungsbericht. In: Freikirchen Forschung 2012, Nr. 21. Hg. v. Verein für Freikirchenforschung e. V. Münster/Westf., S. 287–303.

Egelkraut, Helmuth: Die Liebenzeller Mission und der Nationalsozialismus. Eine Studie zu ausgewählten Bereichen, Personen und Positionen. Mit einer Stellungnahme des Komitees der Liebenzeller Mission. Berlin 2015.

Gailus, Manfred: Protestantismus und Nationalsozialismus. Studien zur nationalsozialistischen Durchdringung des protestantischen Sozialmilieus in Berlin. Köln, Weimar, Wien 2001.

Gailus, Manfred; Lehmann, Hartmut (Hg.): Nationalprotestantische Mentalitäten. Konturen, Entwicklungslinien und Umbrüche eines Weltbildes. Göttingen 2005

Gailus, Manfred (Hg.): Kirchliche Amtshilfe. Die Kirche und die Judenverfolgung im „Dritten Reich". Göttingen 2008.

Gailus, Manfred; Nolzen, Armin (Hg.): Zerstrittene „Volksgemeinschaft". Glaube, Konfession und Religion im Nationalsozialismus. Göttingen 2011.

Gailus, Manfred: Das böse Spiel der Inklusion und Exklusion. Wie völkische Protestanten in Berlin über die „Judenfrage" dachten und mit „Nichtariern" umgingen. In: Berlin im Nationalsozialismus. Politik und Gesellschaft 1933–1945, hg. v. Hachtmann, Rüdiger; Schaarschmidt, Thomas; Süß, Winfried. Göttingen 2011, S. 39–56.

Gailus, Manfred: Ein selbstzerstörerischer Bruderkampf. Das protestantische Berlin (1930–1945). In: Berlin 1933–1945 hg. v. Michael Wildt und Christoph Kreutzmüller. München 2013, S. 159–175.

Gailus, Manfred (Hg.): Täter und Komplizen in Theologie und Kirchen 1933–1945. Göttingen 2015.

Gailus, Manfred: Täter und Komplizen in Theologie und Kirchen 1933–1945 – Zur Einführung. In: Ders. (Hg.): Täter und Komplizen in Theologie und Kirchen 1933–1945. Göttingen 2015. S. 15–31.

Gailus, Manfred; Vollnhals, Clemens (Hg.): Für ein artgemäßes Christentum der Tat. Völkische Theologen im „Dritten Reich". Göttingen 2016.

Garbe, Detlev: „Sendboten des Jüdischen Bolschewismus". Antisemitismus als Motiv nationalsozialistischer Verfolgung der Zeugen Jehovas. In: Diner, Dan; Stern, Frank (Hg.): Nationalsozialismus aus heutiger Perspektive. Tel Aviv 1994, S. 145–171.

Garbe, Detlev: Neuengamme im System der Konzentrationslager. Studien zur Ereignis- und Rezeptionsgeschichte. Berlin 2015.

Geertz, Clifford: Dichte Beschreibung. Beiträge zum Verstehen kultureller Systeme. Frankfurt 2003.

Georg Schall. Hg. v. d. Neuapostolischen Kirche in Württemberg und Hohenzollern. Stuttgart ²1987.

Gerlach, Christian; Aly, Götz: Das letzte Kapitel. Der Mord an den ungarischen Juden 1944–1945. Frankfurt am Main 2004.

Geschichte der Neuapostolischen Kirche. Überarbeitung der von G[ottfried] Rockenfelder zusammengestellten und J[ohann] G[ottfried] Bischoff herausgegebenen Fassung. Frankfurt/Main ²1987.

Gleixner, Ulrike: Pietismus und Bürgertum. Eine historische Anthropologie der Frömmigkeit. Württemberg 17.-19. Jahrhundert. Göttingen 2005.

Granzow, Sven; Müller-Sidibé, Bettina; Simml, Andrea: Gottvertrauen und Führerglaube. In: Aly, Götz (Hg.): Volkes Stimme. Skepsis und Führervertrauen im Nationalsozialismus. Frankfurt am Main 2006, S. 38–58.

Greyerz, Kaspar; Medick, Hans; Veit, Patrice: Von der dargestellten Person zum erinnerten Ich. Europäische Selbstzeugnisse als historische Quellen (1500–1850). Köln, Weimar u. a. 2001.

Gruner, Wolf: Die Berliner und die NS-Verfolgung. Eine mikrohistorische Studie individueller Handlungen und sozialer Beziehungen. In: Berlin im Nationalsozialismus. Politik und Gesellschaft 1933–1945, hg. v. Hachtmann, Rüdiger; Schaarschmidt, Thomas; Süß, Winfried. Göttingen 2011, S. 57–87

Gruner, Wolf: Die Verfolgung der Juden und die Reaktionen der Berliner. In: Berlin 1933–1945 hg. v. Michael Wildt und Christoph Kreutzmüller. München 2013, S. 311–323.

[Gühring, Werner]: Chronik der Neuapostolischen Gemeinde Vöhringen. Vöhringen 1987.

Hachtmann, Rüdiger; Schaarschmidt, Thomas; Süß, Winfried (Hg.): Berlin im Nationalsozialismus. Politik und Gesellschaft 1933–1945. Göttingen 2011.

Haller, J[osef]: Die evangelische Kirche Württembergs in ihrer Entwicklung während des letzten halben Jahrhunderts auf Grund der kirchlichen Statistik. In: Blätter für württembergische Kirchengeschichte, 43. Jg. 1939, S. 28–66.

Hartlapp, Johannes: Siebenten-Tags-Adventisten im Nationalsozialismus unter Berücksichtigung der geschichtlichen und theologischen Entwicklung in Deutschland von 1875 bis 1950. Göttingen 2008.

Haug, Richard: Reich Gottes im Schwabenland. Linien im württembergischen Pietismus. Metzingen/Württ. 1981.

Heinz, Daniel; Lange, Werner E. (Hg.): Adventhoffnung für Deutschland. Die Mission der Siebenten-Tags-Adventisten von Conradi bis heute. Lüneburg 2014.

Heinz, Daniel (Hg).: Freikirchen und Juden im „Dritten Reich". Instrumentalisierte Heilsgeschichte, antisemitische Vorurteile und verdrängte Schuld. Göttingen 2011.

Henkel, Reinhard: Atlas der Kirchen und der anderen Religionsgemeinschaften in Deutschland. Eine Religionsgeographie. Stuttgart, Berlin, Köln 2001.

Henning, Eckart: Selbstzeugnisse: Quellenwert und Quellenkritik. Berlin 2012.

Historischer Atlas von Baden-Württemberg. (VIII-14 Die konfessionelle Gliederung in Baden-Württemberg 1961, bearbeitet von Fred Sepaintner, 1975). Stuttgart 1972–1988.

Hölscher, Lucian (Hg.): Datenatlas zur religiösen Geographie im protestantischen Deutschland. Von der Mitte des 19. Jahrhunderts bis zum Zweiten Weltkrieg, Bd. 1. Berlin 2001, S. 703 f.; ANAKI, AL0133, Mitglieder-Statistik, 1930–1941.

Hub, Dietrich: Die evangelische Presse in Württemberg in den Jahren von 1933 bis 1948. Stuttgart 2007.

Hutten, Kurt: Seher, Grübler, Enthusiasten. Das Buch der traditionellen Sekten und religiösen Sonderbewegungen. Stuttgart [15]1997.

Jarausch, Konrad H.; Sabrow, Martin: „Meistererzählung". Zur Karriere eines Begriffs. In: Dies. (Hg.): Die historische Meistererzählung. Deutungslinien der deutschen Nationalgeschichte nach 1945. Göttingen 2002, S. 9–32.

Kannenberg, Michael: Verschleierte Uhrtafeln. Endzeiterwartungen im württembergischen Pietismus zwischen 1818 und 1848. Göttingen 2007.

Katechismus der Neuapostolischen Kirche. Zürich 2012.

King, Christine Elisabeth: The Nazi State and the new religions: Five case studies in non-conformity. New York, Toronto 1982.

König, Michael: Die Neuapostolische Kirche in der N. S.-Zeit und die Auswirkungen bis zur Gegenwart. Feldafing [1]1993.

König, Michael; Marschall, Jürgen: Die Neuapostolische Kirche in der N.-S-Zeit und die Auswirkungen zur Gegenwart. Feldafing [2]1994.

Kösters, Christoph; Ruff, Mark Edward (Hg.): Die katholische Kirche im Dritten Reich. Eine Einführung. Freiburg 2011.

Kraft, Luise: Unter Aposteln und Propheten. Erinnerungen aus meinem Leben. Hg. v. G. Zilzer. Marburg 1913.

Krauss, Karl-Peter: Wirtschaftliche Rahmenbedingungen der Auswanderung aus Württemberg nach Russland 1817. In: Flucht vor der Reformation. Täufer, Schwenckfelder und Pietisten zwischen dem deutschen Südwesten und dem östlichen Europa. Hg. v. Christine Absmeier u. Annemarie Röder. Stuttgart 2016, S. 42–53.

Krusenstjern, Benigna von: Was sind Selbstzeugnisse? Begriffskritische und quellenkundliche Überlegungen anhand von Beispielen aus dem 17. Jahrhundert. In: Historische Anthropologie. Kultur. Gesellschaft. Alltag 2 (1994), S. 462–471.

Kuropka, Joachim (Hg.): Geistliche und Gestapo. Klerus zwischen Staatsallmacht und kirchlicher Hierarchie. Münster 2004.

Lächele, Rainer: Ein Volk, ein Reich, ein Glaube. Die „Deutschen Christen" in Württemberg 1925–1960. Stuttgart 1994.

Lächele, Rainer: Immanuel Schairer (1885–1963). In: Lächele, Rainer; Thierfelder, Jörg (Hg.): Wir konnten uns nicht entziehen. 30 Porträts zu Kirche und Nationalsozialismus in Württemberg. Stuttgart 1998, S. 175–187.

Lehmann, Hartmut: Von der „Babylonischen Gefangenschaft" des deutschen Protestantismus. Einführende Bemerkungen zu den Konturen, Entwicklungslinien und Umbrüchen der nationalprotestantischen Mentalitäten in Deutschland in den hundert Jahren zwischen der Reichsgründung und der Zeit um 1970. In: Nationalprotestantische Mentalitäten. Konturen, Entwicklungslinien und Umbrüche eines Weltbildes. Hg. v. Manfred Gailus und Hartmut Lehmann. Göttingen 2005, S. 7–15.

Liese, Andreas: Verboten, geduldet, verfolgt. Die nationalsozialistische Religionspolitik gegenüber der Brüderbewegung. Hammerbrücke ²2003.

Lustiger, Arno: Rettungswiderstand. Über die Judenretter in Europa während der NS-Zeit. Göttingen 2011.

Meier, Kurt: Kreuz und Hakenkreuz. Die evangelische Kirche im Dritten Reich. Überarbeitete Neuausgabe. München ²2008.

Mohrmann, Ruth-E.: Zwischen den Zeilen und gegen den Strich – Alltagskultur im Spiegel archivalischer Quellen. In: Der Archivar. Mitteilungsblatt für deutsches Archivwesen, 44. Jg. (H. 1) Februar 1991, S. 234–246.

Mühl-Benninghaus, Sigrun: Das Beamtentum in der NS-Diktatur bis zum Ausbruch des Zweiten Weltkriegs. Zu Entstehung, Inhalt und Durchführung der einschlägigen Beamtengesetze. Düsseldorf 1996.

Müller, Roland: Stuttgart zur Zeit des Nationalsozialismus. Stuttgart 1988.

Obst, Helmut: Neuapostolische Kirche – die exklusive Endzeitkirche? Neukirchen-Vluyn 1996.

Peters, Jan: Wegweiser zum Innenleben? Möglichkeiten und Grenzen der Untersuchung populärer Selbstzeugnisse der Frühen Neuzeit. In: Historische Anthropologie 1, H. 2, (1993), S. 235–249.

Peters, Jan: Mit Pflug und Gänsekiel. Selbstzeugnisse schreibender Bauern. Eine Anthologie. Köln, Weimar 2003.

Petersen, Merit: Der schmale Grat zwischen Duldung und Verfolgung. Zeugen Jehovas und Mormonen im „Dritten Reich". In: Gailus, Manfred; Nolzen, Armin (Hg.): Zerstrittene „Volksgemeinschaft". Glaube, Konfession und Religion im Nationalsozialismus. Göttingen 2011, S. 122–150

Petrich, Hermann: Unsere Sekten, Freikirchen und Weltanschauungsgesellschaften. Gemeinverständlich dargestellt und am Evangelium Jesu gemessen, Berlin 1928.

Petzina, Dietmar; Abelshauser, Werner; Faust, Anselm: Sozialgeschichtliches Arbeitsbuch, Band III. Materialien zur Statistik des Deutschen Reiches 1914–1945. München 1978

Pöhlmann, Matthias; Jahn, Christine (Hg.): Handbuch Weltanschauungen, Religiöse Gemeinschaften, Freikirchen. Im Auftrag der Kirchenleitung der VELKD. 1. Aufl. Gütersloh 2015.

Pollack, Detlef: Rekonstruktion statt Dekonstruktion: Für eine Historisierung der Säkularisierungsthese. In: Zeithistorische Forschungen/Studies in Contemporary History 7 (2010), S. 433–439.

Rehmann, Jan: Die Kirchen im NS-Staat. Untersuchung zur Interaktion ideologischer Mächte. Berlin 1986.

Reichrath, Hans L.: Ludwig Diehl 1894–1982. Kreuz und Hakenkreuz im Leben eines Pfälzer Pfarrers und Landesbischofs. Speyer ²1996.

Rexroth, Frank: Meistererzählungen und die Praxis der Geschichtsschreibung. Eine Skizze zur Einführung. In: Ders.: Meistererzählungen vom Mittelalter. Sonderheft der Historischen Zeitschrift 46 (2007), S. 1–23.

Röhm, Eberhard; Thierfelder, Jörg: Evangelische Kirche zwischen Kreuz und Hakenkreuz. Bilder und Texte einer Ausstellung. Stuttgart ⁴1999.

Rueß, Karl-Heinz (Hg.): Göppingen unterm Hakenkreuz. Göppingen 1994.

Sandvoß, Hans-Rainer: „Es wird gebeten, die Gottesdienste zu überwachen…" Religionsgemeinschaften in Berlin zwischen Anpassung, Selbstbehauptung und Widerstand von 1933 bis 1945. Berlin 2014.

Schabronat, Klaus: Die Neuapostolische Kirche im Dritten Reich – ein Zwischenbericht. Teil 1. In: Eberle, Mathias (Hg.): Frankfurt im Spiegel der Geschichte der apostolischen Gemeinschaften. Hg. v. Mathias Eberle. Steinhagen 2013, S. 140–213.

Schabronat, Klaus: Die Neuapostolische Kirche unter der nationalsozialistischen Herrschaft. In: Tull, Philipp (Hg.): Christen im Dritten Reich. Darmstadt 2014, S. 52–67.

[Scheibler, Susanne:] J. G. Bischoff. Frankfurt am Main 1985.

[Scheibler, Susanne:] Johann Gottfried Bischoff. Frankfurt am Main 1997

Schmolz, Dominik: Kleine Kirchengeschichte der Neuapostolischen Kirche. Steinhagen 2013.

Schmolz, Dominik: Kleine Kirchengeschichte der Neuapostolischen Kirche. Vierte, leicht verbesserte Auflage. Steinhagen 2016, S. 100.

Schuler, Erika: Evangelische Kirche und Nationalsozialismus in Schorndorf 1933–1935. Schorndorf 1995.

Staats-Anzeiger für Württemberg, Nr. 138, 17.06.1933.

Strahm, Herbert: Die Bischöfliche Methodistenkirche im Dritten Reich. Stuttgart, Berlin, Köln 1989.

Tatort Dorotheenstraße. Hg. v. d. Initiative für einen Gedenkort im ehemaligen Hotel Silber. Stuttgart 2009.

Thiede, Werner: Erzengel Michael wohnt am Starnberger See. Eine Gemeinschaft zwischen neuapostolischer und esoterischer Spiritualität. In: Materialdienst der EZW, 58. Jg., 1. Dez. 1995, S. 363–368.

Thull, Philipp (Hg.): Christen im Dritten Reich. Darmstadt 2014.

Tomaszewski, Jerzy: Auftakt zur Vernichtung. Die Vertreibung polnischer Juden aus Deutschland im Jahre 1938. Aus dem Polnischen von Victoria Pollmann. Osnabrück 2002.

Vöhringer, Andreas: Bilder aus der Vergangenheit. 150 Jahre Neuapostolische Kirche. Frankfurt 2013.

Vollnhals, Clemens: Evangelische Kirche und Entnazifizierung 1945–1949. Die Last der nationalsozialistischen Vergangenheit. München 1989.

Vollnhals, Clemens: Im Schatten der Stuttgarter Schulderklärung. Die Erblast des Nationalprotestantismus. In: Nationalprotestantische Mentalitäten. Konturen, Entwicklungslinien und Umbrüche eines Weltbildes. Hg. v. Manfred Gailus und Hartmut Lehmann. Göttingen 2005, S. 379–431.

[Weinmann, Karl]: 100 Jahre Neuapostolische Kirche 1863–1963. Apostelbezirk Hamburg. Hamburg 1963.

Weyel, Hartmut: Anspruch braucht Widerspruch. Die Freien evangelischen Gemeinden vor und im „Dritten Reich". Witten 2016.

Wind, Renate: Dem Rad in die Speichen fallen. Die Lebensgeschichte des Dietrich Bonhoeffer. Gütersloh [8]2014.

Zipfel, Friedrich: Kirchenkampf in Deutschland 1933–1945. Religionsverfolgung und Selbstbehauptung der Kirchen in der nationalsozialistischen Zeit. Berlin 1965.

Zwink, Eberhard; Trautwein, Joachim: Geistliche Gedichte und Gesänge für die nach Osten eilenden Zioniden. 1817. In: Blätter für württembergische Kirchengeschichte, 94, 1994, S. 47–90.

Online-Ressourcen

http://cms.nak-dornhan.de/fileadmin/gk/sued/ab/freiburg/dornhan/
Rueckblicke/2014/2014-06-28_Voehringen/Festschrift_web.pdf
(12.05.2016).

https://de.wikipedia.org/wiki/Neuapostolische_Kirche (14.10.2015)

https://de.wikipedia.org/wiki/Neuapostolische_Kirche (02.08.2016)

Rutz, Andreas: Ego-Dokument oder Ich-Konstruktion. Selbstzeugnisse als
Quellen zur Erforschung des frühneuzeitlichen Menschen. In: Zeitenblicke 1, 2002, Nr. 2. http://www.zeitenblicke.de/2002/02/rutz/index.
html (26.12.2013).

4. Abkürzungen

AKKZG	Arbeitskreis für kirchliche Zeitgeschichte, Münster
ANAK CH	Archiv der Neuapostolischen Kirche der Schweiz
ANAKI	Archiv der Neuapostolischen Kirche International, Zürich
BArch	Bundesarchiv, Benutzungsort Berlin-Lichterfelde
BayHStA	Bayerisches Hauptstaatsarchiv, München
DDR	Deutsche Demokratische Republik
HStAD	Hessisches Staatsarchiv Darmstadt
HStAS	Hauptstaatsarchiv Stuttgart
KA	Kreisarchiv
KNK	Katechismus der Neuapostolischen Kirche
KPD / K.P.D.	Kommunistische Partei Deutschlands
LASA	Landesarchiv Sachsen-Anhalt
LASp	Landesarchiv Speyer
LAV NRW	Landesarchiv Nordrhein-Westfalen
LKAS	Landeskirchliches Archiv Stuttgart
NAK	Neuapostolische Kirche
NLA AU	Niedersächsisches Landesarchiv, Aurich
NLA HA	Niedersächsisches Landesarchiv, Hannover
NS	Nationalsozialismus, nationalsozialistisch
NSDAP	Nationalsozialistische Deutsche Arbeiterpartei
NSV / N.S.V.	Nationalsozialistische Volkswohlfahrt
RFSS	Reichsführer-SS
RLB / R.L.B.	Reichsluftschutzbund
SD	Sicherheitsdienst des Reichsführers-SS
SS	Schutzstaffel
StAL	Staatsarchiv Ludwigsburg
StAS	Staatsarchiv Sigmaringen
VELKD	Vereinigte Evangelisch-Lutherische Kirche Deutschlands
vgu / v.g.u	vorgelesen, genehmigt, unterschrieben

5. Verzeichnis der Abbildungen

6. Verzeichnis der Tabellen

7. Personenregister

Die Personen, deren Nachname aus Gründen des Datenschutzes im Text-korpus nur mit dem Anfangsbuchstaben aufgeführt werden, sind in diesem Register nicht aufgelistet. Die Berufsbezeichnung ist bei jenen Personen angegeben, von denen der Vorname nicht vorliegt. Die kursiv geschriebenen Zahlen beziehen sich auf die Fußnoten.

A
Aly, Götz 35

B
Bengel, Johann Albrecht 48
Bischoff, Friedrich (Fritz) 19, 93, 94
Bischoff, Johann Gottfried 9, 20, 34, 39
Braach, Heinrich 94, 95
Braach, Mile 94, 95
Buchner, Emil 91, *91*, 100, *100*
Bunzel, Ulrich 11, 12, *12*

C
Crohne, Wilhelm 28, *28*

D
De Vries, Robert Ernest John 97

E
Eberle, Mathias *16*
Epp, Franz Xaver Ritter von 14

F
Findeisen, Hermann 68, *69*
Frick, Wilhelm 94

G
Garbe, Detlef *7*
Geertz, Clifford *10*

Gerok, Otto 67, 70
Goebbels, Paul Joseph 36
Greyerz, Kaspar von *92*
Gutbrod, Karl 45
Gühring, Werner *69*
Güttinger, Ernst 93, *93*

H
Hailfinger, Suse-Victoria 7
Hailfinger, Ulrich 61, 77
Hartmann, Karl 68, 101, *101*, *102*
Henke, Manfred *15*
Himmler, Heinrich 21, 72
Hirschfeld, Otto 94, *94*
Hitler, Adolf 36, 50, 96, *96*, 100, 102

J
Jesus Christus 48, 67
Juny, Jürgen *33*

K
Kerrl, Hanns 25
King, Christine Elisabeth 13, 14, 15, 29
Kircher, Gottfried 67
Kolrep, Walter Richard *25*, 27, 28
König, Michael 16, *16*
Kopp, Bürgermeister 69

8. Ortsregister

Das Ortsregister enthält die Namen von Ländern, Regionen, Orten, Kirchenbezirken.
Die kursiv geschriebenen Zahlen beziehen sich auf die Fußnoten.

F
Frankenthal 83, *84*
Frankfurt 94, 95, 97, 98, 99,
  100, *111*, *115*, 134
Frankreich *119*, *111*
Freudenstadt 45, 65, 72

G
Gönningen, heute Reutlingen-
  Gönningen 82, *82*
Göppingen 45, *56*, *78*, 80, *80*, 89
Groß Grönau *15*

H
Hamburg 20, 21, 111
Hechingen 45
Hedelfingen, Stuttgart-
  Hedelfingen 56
Heilbronn 33, 42, 45, *45*, 51, 59,
  60, 61, *61*, 72, 108, 109, 111,
  112, 114, 115, 132, 133, 135,
  136
Heilbronn-Pfühl 59, 60, 61, *61*,
  133
Hessen 83
Hildesheim 86, 87, 134

I
Ingelfingen 55, *55*

K
Kaiserslautern 14, 83, *84*
Karlsruhe 14, 45, 86, 101, *110*
Kerzenheim, heute Verbands-
  gemeinde Eisenberg (Pfalz) 84,
  85
Kirchheimbolanden *83*, *84*, 85
Klarenthal, heute Saarbrücken-
  Klarenthal *111*
Klein Freden, heute Freden
  (Leine) 88, *88*

Kohlstetten, heute Engstingen-
  Kohlstetten 78, *78*
Kolumbien 95
Königsberg (Preußen), heute
  Kaliningrad 22, 111
Künzelsau *38*, 54, 55, *55*, *74*,
  133
Kusel *14*, 101

L
Laichingen 78
Landau (Pfalz) 83, *84*
Leipzig *11*, 12, *107*
Ludwigsburg 72
Ludwigshafen am Rhein 83, 84
Luxemburg *111*

M
Maulbronn *75*, 76, 77
Mehrstetten 78
Mergentheim 55, *55*
Merseburg *75*, *75*, 76
Michelstadt 86
Mitteleuropa 48
Moskau 102
München *14*, 15, *15*, *34*, *109*
Münsingen 57, 78, *78*, 79, 133

N
Nagold 64, *64*, 65, *65*, 77, *77*
Neckarsulm 58, *58*
Neustadt an der Haardt, heute
  Neustadt an der Weinstraße
  83, *84*
Neustadt an der Weinstraße 83,
  85, *85*
Neuwürttemberg 48, *48*
Nürnberg 45, 94
Nürtingen 45

www.ingramcontent.com/pod-product-compliance
Lightning Source LLC
Chambersburg PA
CBHW040409110426

42812CB00012B/2496